Helena Rytkönen

OPFERRITEN UND PFANNKUCHEN

REIHE NATURRELIGION UND MYTHOLOGIE

Helena Rytkönen

OPFERRITEN UND PFANNKUCHEN

EINE REISE INS LAND DER MARI AN DER WOLGA

ALBVNEA VERLAG MVENCHEN

Seldeneckstr. 18
D-81243 München
Tel.: ++49/(0)89/877165
www.albunea.de
info@albunea.de

Herstellung: Books on Demand GmbH, Norderstedt

ISBN 978-3-937656-11-3

In Liebe und Dankbarkeit
meiner Mutter und
meinem Vater
gewidmet

VORWORT

„Morgens ganz früh stieg ich in den Zug. Ich hatte neue Wanderstiefel und einen neuen Rucksack ... Ich hatte diese Reise nicht gesucht. Sie kam zu mir.“

Das schrieb ich 1993 kurz nach meiner Reise in das Land der Mari (oder Tscheremissen – wie sie auch bezeichnet werden) an der Wolga in Russland. Inzwischen sind viele verschiedene Texte, Zeichnungen, Bilder, Installationen und Vorträge über meine Reise entstanden. Dieses kleine Buch ist für mich wie ein Bericht der Reise, erzählt das, was mir heute nach 16 Jahren wichtig erscheint. Sicherlich ist es persönlich, beruhend auf meinem Wissen, den eigenen Fähigkeiten, geprägt durch den gewählten Blickwinkel und durch die Gespräche mit Personen, die ich im Land der Mari kennen lernen durfte.

Diese Reise in das Land der Mari machte mir vor allem die Tiefe und die Schönheit ihrer Naturreligion bewusst. Sie ermöglichte mir einen Einblick in ihre traditionelle Lebensweise in Harmonie mit der Natur.

Dieses Buch will keine wissenschaftliche Abhandlung sein, sondern ein Bilderbuch mit kurzen Texten zu einigen der vielen verschiedenen Facetten des Lebens im Land der Mari früher und heute. Es erzählt über die Mythen, die Religion, die Kleidung, die Gegenstände, das Menschenbild und über die Hochzeit bei den Mari.

Ich war nicht die einzige Reisende. Prof. Dr. Raija Bartens öffnete mir die Möglichkeit, diese Reise auf mich zukommen zu lassen. Aniko Vettermann und Christian Späth ließen sich von der Idee der Reise anstecken. Aniko Vettermann und Mikael Minkkinen waren meine Begleiter im Land der Mari. Ohne das Stipendium der Castrèn-Gesellschaft aus Finnland hätte ich diese Reise nicht machen können. Dafür bin ich sehr dankbar. Dankbar bin ich auch allen denen, die mich in den Jahren nach der Reise Schritt für Schritt weiter getragen und herausgefordert haben.

Von den vielen im Land der Mari, die mir das Schreiben dieses Buches ermöglicht haben, möchte ich besonders Igor Sadovin, Sergei Tscheraschow, Tamara Molotowa und Emma Jakimowa danken. Durch ihren beispielhaften und unermüdlichen Einsatz als Dolmetscher und Organisatoren wurde ein lebendiger Austausch mit den Mari möglich.

Das Thema "Mythen, Symbole und Gegenstände" der Mari gab der Reise die Blickrichtung. Über das Vergangene erfuhren wir in Gesprächen und in den Museen. In den Interviews mit Opferpriestern, Wissenschaftlern, Künstlern und mit den Bewohnern in entlegenen Dörfern erfuhren wir viel über die Naturreligion der Mari und über das profane und sakrale Leben. Wir besuchten verschiedene Opferhaine, sahen die Einfachheit und die Knappheit des menschlichen Eingriffs an diesen Orten, sahen Opferbäume und durften an einem häuslichen Opferritual nach dem Backen von Brot und von frischem Pfannkuchen teilnehmen.

Viele unserer Fragen über die Mythen bekamen eine kompetente Antwort durch den Mythenforscher Vitali

Akzorin. Die Volkskundlerin Tamara Molotowa informierte uns über die traditionelle Kleidung der Mari und gab uns eine Einführung in die Symbolsprache der Stickereien.

Jedes Mal, wenn ich diese Reise in Gedanken, in Worten oder in Bildern nochmals durchgegangen bin, habe ich ein tieferes Verständnis der Naturreligion, der Lebensweise und der Kultur der Mari gewonnen. Es ist mir nicht möglich, hier die Namen all derer zu erwähnen, die mir diese Reise zu einem unvergesslichen Erlebnis machten. So stehen die Erwähnten stellvertretend für alle, die vor, während und nach der Reise ein längeres oder kürzeres Stück mit mir gewandert sind. Vor allem gilt mein Dank meinem Mann Patrick Meyer-Glitza.

Helena Rytkönen,
Rohlsdorf, im September 2009

INHALT

EINLEITUNG

Das Land der Mari

„Ein fernes Land bringt Verstand.“
(Sprichwort der Mari)

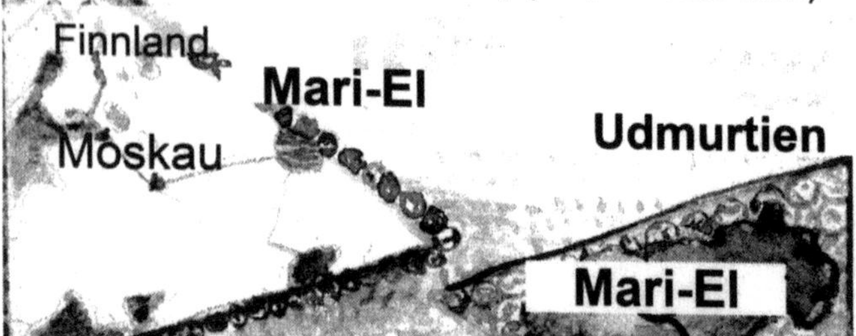

Das Land der Mari* oder Tscheremissen** liegt an der Wolga in Russland ca. 850 Kilometer östlich von Moskau. Dort in der eigenständigen Republik Mari-El lebt beinahe die Hälfte der ca. 640 000 Mari. Die anderen wohnen in den angrenzenden Gebieten u. a. in den Republiken Tschuvassien, Tatarstan, Udmurtien und Kazan.

* Das Wort „Mari” bedeutet „der Mensch, Mann”. (vgl. Moisio, S. 163).
** Die Bezeichnung Tscheremissen ist im deutschen Sprachraum üblich. Hier wird jedoch das Wort „Mari“ verwendet, denn das Volk nennt sich selbst so. Das Wort „Tscheremissen“ kommt aus dem Wolgabulgarischen und bedeutet „Steppenbewohner“ (vgl. de.wikipedia.org/wiki/Mari_El).

Von den 717 000 Einwohnern Mari-El's sind 42,9% Mari, 47,5% Russen, 6% Tataren und 1% Tschuvassen (Stand 1.1. 2005). Die restlichen Einwohner sind Udmurten, Mordvinen und andere. Mari-El ist 23 400 km² groß und die Bevölkerungsdichte beträgt 31 Einwohner je km².

Die Hauptstadt Joshkar-Ola (die rote Stadt) hat 253 407 Einwohner (Stand 2005). Sie wurde 1504 gegründet.

Die Mari teilen sich sprachlich in drei Hauptgruppen: Bergmari, Wiesenmari und Ostmari. Die Bergmari wohnen an der Wolga im südwestlichen Teil des Landes, die Wiesenmari in den nördlichen und östlichen Teilen des Landes und die Ostmari in den östlichen angrenzenden Republiken.

Die Sprache gehört zur finnougrischen Sprachgruppe. Heute sprechen etwa 85% der Mari ihre Muttersprache. In den Städten ist der Anteil geringer – z. B. sprechen 41% der Akademiker mit ihren Kindern nur russisch. Die ersten schriftlichen Quellen in der Sprache der Mari stammen aus der Mitte des 18. Jahrhunderts.*

*Vgl. Saarinen, Suomen... S. 5f.

Die Funde der finnougrischen Kultur an der Wolga im Wohngebiet der Mari gehen auf das 5. Jahrhundert n. Chr. zurück. Die ältesten gefundenen Wohnstätten sind im Gebiet der Bergmari im Südwesten des Landes. Sie sind 12 000-40 000 Jahre alt. Nach den Funden zu urteilen, übten sie keinen Landbau aus, sondern lebten vom Fischen und Jagen. Der gefundene Schmuck und andere Gegenstände weisen auf einen Tier- und Vogelkult hin.* Auch in den traditionellen Stickmustern kommen viele abstrahierte Tier- und Vogelmotive vor.

* Angaben aus dem Museum in Joschkar-Ola.

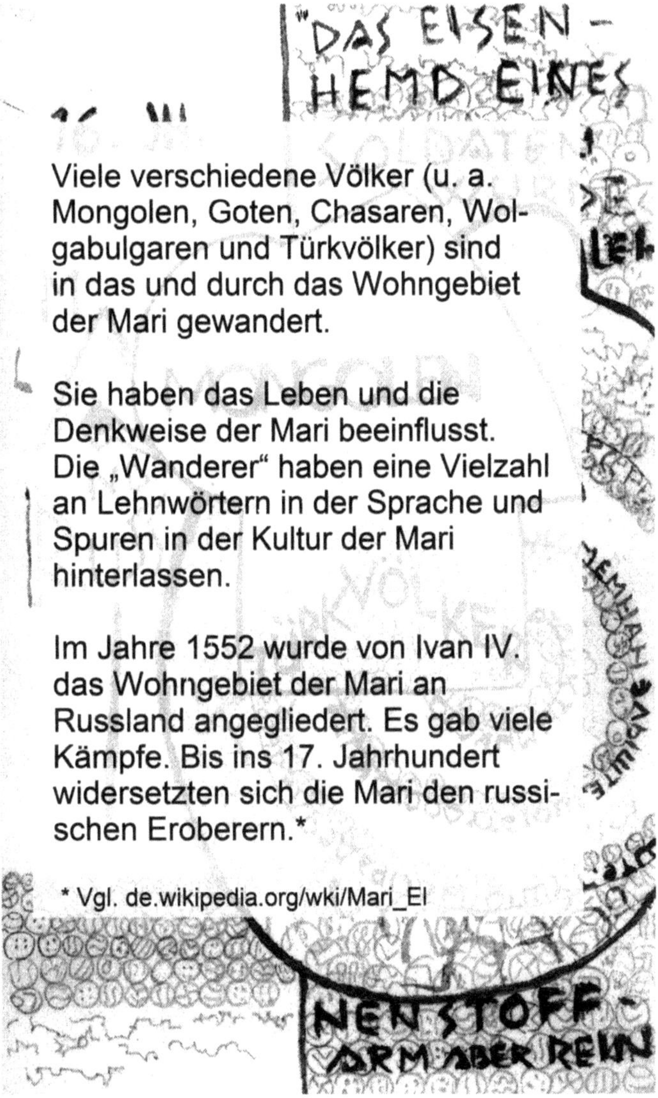

Viele verschiedene Völker (u. a. Mongolen, Goten, Chasaren, Wolgabulgaren und Türkvölker) sind in das und durch das Wohngebiet der Mari gewandert.

Sie haben das Leben und die Denkweise der Mari beeinflusst. Die „Wanderer“ haben eine Vielzahl an Lehnwörtern in der Sprache und Spuren in der Kultur der Mari hinterlassen.

Im Jahre 1552 wurde von Ivan IV. das Wohngebiet der Mari an Russland angegliedert. Es gab viele Kämpfe. Bis ins 17. Jahrhundert widersetzten sich die Mari den russischen Eroberern.*

* Vgl. de.wikipedia.org/wki/Mari_El

Aus Angst vor Aufständen verboten die Russen den Mari, den Beruf eines Schmieds auszuüben. In der Hauptstadt Joshkar-Ola wohnten bis zum 18. Jahrhundert nur Russen. Die Mari konnten in der Stadt kein Land kaufen.*

Die Christianisierung der Mari geschah unter Zwang. Die orthodoxe Kirche baute 150 Kirchen und 7 Klöster, während Opferhaine und heilige Orte der Mari zerstört wurden. Bis ins 19. Jahrhundert übten die Mari ihren Widerstand aus. Von dieser Zeit erzählt folgende Geschichte:

Im Jahre 1835 entschied die heilige Synode Russlands die Mari zu der orthodoxen Religion zu bekehren. Der Priester Kurbanowski wurde in das Land der Mari geschickt, um diese Tat zu vollbringen. Die Karts – Priester der Naturreligion der Mari – kamen zu Kurbanowski und sagten: „Im Wald gibt es weiße Birken, hohe Kiefern und Fichten, aber auch niedrige Wacholder. Gott sorgt für sie alle und verordnet nicht dem Wacholder, eine Kiefer zu werden. Wir sind ein Wald. Seid ihr weiße Birken. Wir bleiben Wacholder. Wir stören euch nicht. Wir beten für den Zaren, bezahlen die Steuern und schicken unsere Söhne in den Militärdienst, aber wir wollen nicht einen anderen Gott.“**

* Angaben aus dem Museum in Joshkar-Ola.
** Laulajainen, S. 46.

In der Zeit, als Stalin die Macht hatte, wurden die Mari verfolgt. Viele der Intellektuellen und Künstler wurden getötet oder in entlegene Gegenden verschleppt.

Dörfer der Mari wurden zerstört.

Die 90er Jahre des 20. Jahrhunderts ermöglichten einen Aufstieg der Kultur der Mari. Presseberichten zufolge werden Mari in Mari-El heute wieder unterdrückt.*

* Vgl. Ville Ropponen, Kielisukulaisten tulevaisuus unhattuna, in: Hiidenkivi. Suomalaisten kulttuurilehti 6/2005, S. 21f. Kirsikka Moring berichtet in Helsingin Sanomat vom 16. 2. 2005 wie Kulturinitiativen der Mari verfolgt werden und wie versucht wird, die Mari mit allen Mitteln – auch mit Gewalt – zum Schweigen zu bringen.

Doch die Riten der ererbten Naturreligion leben weiterhin. In den 90er Jahren des letzten Jahrhunderts wurden wieder große Opferfeste durchgeführt. Alte Gebete, die früher nur mündlich überliefert wurden, sind aufgeschrieben worden. Heute kann man Gebetsbücher der Naturreligion kaufen.

Auch lebt die Musik der Vorfahren und der Volkstanz im Land der Mari, besonders in den entlegenen Dörfern, aber auch auf den Bühnen der Hauptstadt Joshkar-Ola. Die traditionellen Lieder werden auch heute mit dem Nationalinstrument „der Gusli" – einem Seiteninstrument – begleitet, aber auch öfters mit Ziehharmonika und anderen Instrumenten.

Anhänger der Naturreligion gibt es sowohl in den entlegenen Dörfern wie auch in den Städten. Auch in der jüngeren Generation finden sich Anhänger der Naturreligion. Innerhalb von Osh Tsimari (eine Vereinigung von Anhängern der Naturreligion) gibt es den Zweig U vi (die Kraft des Neuen) für die Jugend.

Vor allem die jungen Anhänger bemühen sich um die Aufrechterhaltung der Opferhaine, die als Kirchen der Naturreligion bezeichnet werden können.* Früher hatte beinahe jedes Dorf einen (oder sogar mehrere) Opferhain(e). Heute schätzt man ihre Zahl auf ca. 200.**

* Vgl. Laulajainen, S.51ff. ** Vgl. Väliaho, S. 7.

Für die Mari war ihre Kleidung in den alten Zeiten eine göttliche Gabe. Ihre Gegenstände waren – und sind sicherlich immer noch – gute Freunde. Sie zeugen von einem großen handwerklichen Können. Die Stickmuster auf der Kleidung sowie Schnitzereien auf den Gegenständen und auch deren Form sind meistens mit der Lebensphilosophie des eigenen Volkes verbunden. So ist es auch mit den traditionellen Speisen: Pfannkuchen etwa werden immer dann gebacken, wenn etwas Neues anfängt.

Das große Familienfest mit vielen verschiedenen Riten und Bräuchen ist die Hochzeit. Zur traditionellen Hochzeit gehören die Geleitfrauen, die eine besondere Tracht tragen. Während der Hochzeit singen und tanzen sie. Sie laden zum Feiern ein.

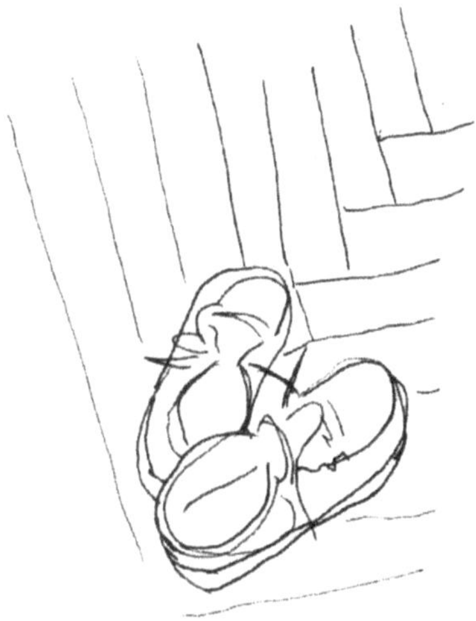

MYTHEN, MUSIK UND RELIGION

Schöpfungsgeschichte
und
Musik

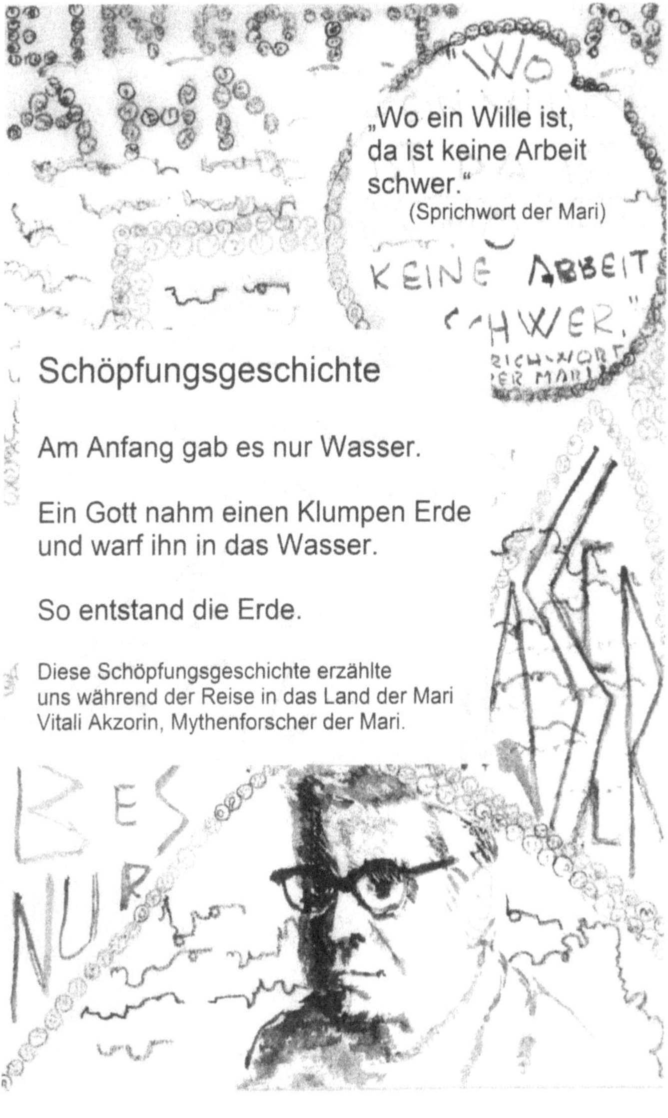

„Wo ein Wille ist,
da ist keine Arbeit
schwer.“
(Sprichwort der Mari)

Schöpfungsgeschichte

Am Anfang gab es nur Wasser.

Ein Gott nahm einen Klumpen Erde
und warf ihn in das Wasser.

So entstand die Erde.

Diese Schöpfungsgeschichte erzählte
uns während der Reise in das Land der Mari
Vitali Akzorin, Mythenforscher der Mari.

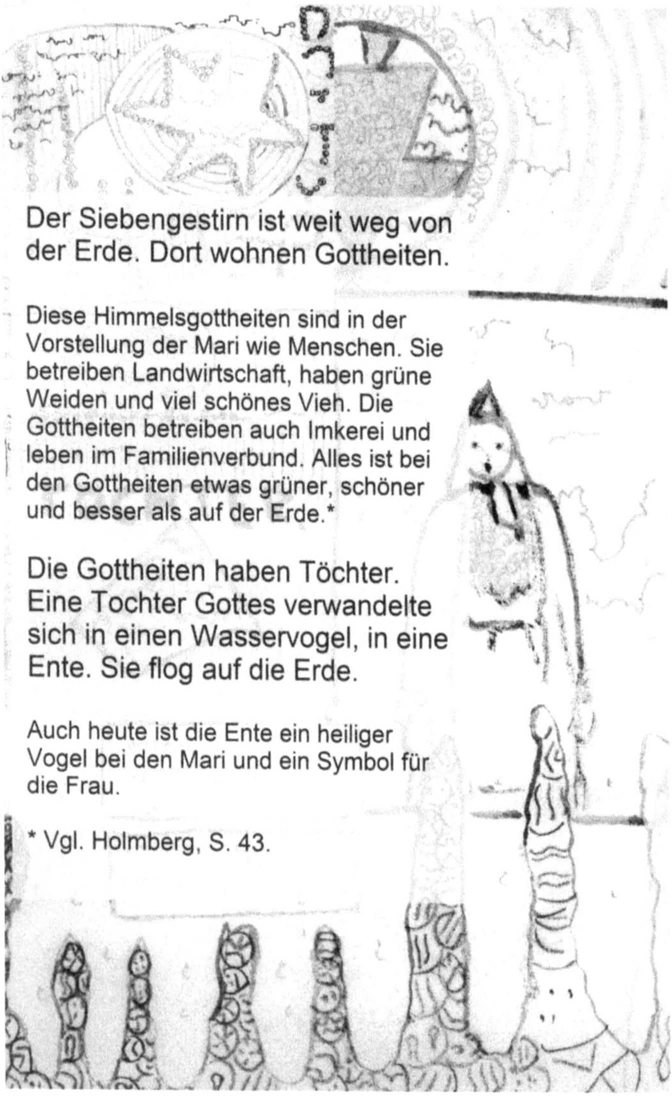

Der Siebengestirn ist weit weg von der Erde. Dort wohnen Gottheiten.

Diese Himmelsgottheiten sind in der Vorstellung der Mari wie Menschen. Sie betreiben Landwirtschaft, haben grüne Weiden und viel schönes Vieh. Die Gottheiten betreiben auch Imkerei und leben im Familienverbund. Alles ist bei den Gottheiten etwas grüner, schöner und besser als auf der Erde.*

Die Gottheiten haben Töchter. Eine Tochter Gottes verwandelte sich in einen Wasservogel, in eine Ente. Sie flog auf die Erde.

Auch heute ist die Ente ein heiliger Vogel bei den Mari und ein Symbol für die Frau.

* Vgl. Holmberg, S. 43.

Im Wald begegnete die „Entenfrau“ einem Mann. Der Mann und die Frau verliebten sich. Sie gebar einen Sohn.

Die Frau bekam Sehnsucht nach der Heimat auf dem Siebengestirn. Sie flog mit dem Sohn und dem Mann dorthin. Die Himmelsgottheiten wurden eifersüchtig auf den Mann und töteten ihn.

Die Frau flog mit dem Sohn zurück auf die Erde.

Von diesen beiden stammt die ganze Menschheit.

„Wie der Vogel, so sein Lied."

(Sprichwort der Mari)

Musik

Über die Geburt des Nationalinstruments „der Gusli“ wird erzählt:

„Gott schuf für den Menschen die Gusli. Als der Mensch die Gusli spielen lernte, erschallte sie laut. Das hörte der Teufel und wollte das Spielen verderben. Er stach ein Loch darein. Danach begann die Gusli immer lauter zu erschallen.

Der Teufel schuf den Dudelsack. Als der Dudelsack gespielt wurde, stach Gott ein Loch hinein, und aus dem Spiel wurde nichts. Seitdem spielen die Mari während der Opferhandlungen und Totenfesten die Gusli.“*

* Jevsevjevs I, S. 59.

Die Gusli ist ein Seiteninstrument. Früher hatte es 8 Seiten, heute hat es 36 Seiten. Die Gusli wird aus einem besonderen Tannenholz hergestellt.

Gusli-Bauer sind in Mari-El selten geworden. Die Kunst des Bauens wird in der Familie von der einen Generation an die nächste weitergegeben – meist vom Vater an den Sohn.

Früher war die Gusli das Instrument der Männer. Jedoch heute findet man kaum einen Mann, der die Gusli spielen kann. Die beste Guslispielerin des Landes ist Faina Eschmakowa. Sie setzt die Tradition fort, bearbeitet neue Stücke für die Gusli und bildet junge Guslispielerinnen aus.*

* Vgl. Ruhanen, S. 10f.

Die Mari singen gerne, wenn sie zusammenkommen. In manchen Liedern werden die Eigenschaften der Verwandten und der Freunde gelobt. Es gibt Lieder zu verschiedenen Festen, es gibt Arbeitslieder und Soldatenlieder.

Häufige Themen in den Liedern sind Liebe zur Familie, zum Heimatdorf und die gegenseitige Achtung. Viele Lieder drücken Gefühle beim Abschied oder Wiedersehen aus – besonders bei den Soldatenliedern, die die Soldaten den zu Hause Gebliebenen dichteten.

Die Lieder der Mari sind kurz: ein bis drei Strophen mit vier Zeilen.*

* Vgl. Vikar/Brereczki, S.18ff.

„Als ich mitten durch einen Wald ging,
fiel mir ein grünes Blatt auf's Gesicht.
Es fiel kein grünes Blatt mir auf's Gesicht
mein Geliebter selbst kam mir in den Sinn."*

Die Musik der Mari ist traditionell einstimmig, pentatonisch. Ein einzelnes Motiv wird vielfältig variiert.

Singen und Tanzen gehören zusammen. Die Lieder der Mari sind lyrisch. Epische Sagen, Balladen oder Heldenlieder sind unbekannt. Auch Kinderlieder sind nicht überliefert.

* Volksdichtung und..., S. 409.

Die Instrumente teilen sich in Ritualinstrumente, Blasinstrumente und Seiteninstrumente. Zu den Ritualinstrumenten gehören vor allem Rhythmusinstrumente wie Trommeln, Rasseln, Stöcke und ausgehöhlte Baumstämme.

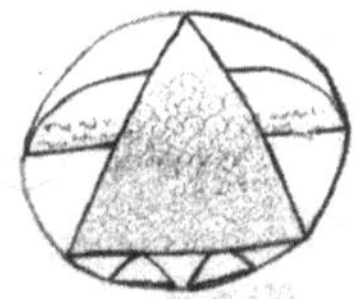

Rhythmusinstrumente hatten viele Funktionen: sie verkündeten die Schande der Verbrecher, dienten dazu, böse Geister zu vertreiben, man benutzte sie beim Jagen, die Hirten meldeten sich durch das Rasseln im Dorf an und die Nachtwächter rasselten, damit die Leute wussten, dass der Wächter nicht schläft.

Es gibt eine Vielzahl an Blasinstrumenten – angefangen von einem einfachen Blättchen aus Birkenbast bis zu Hörnern von zwei Meter Länge.

Die Seiteninstrumente haben sich von einem einfachen Kasten mit zwei bis drei Seiten aus Pferdehaaren zu dem Nationalinstrument „der Gusli" von 36 Seiten entwickelt.

Kart – der Opferpriester

„Wenn du mit einem Klugen lebst, bekommst du Verstand, wenn du mit einem Toren lebst, verlierst du dich selbst."

(Sprichwort der Mari)

Das Wort „Kart" bezeichnet den spirituellen Lehrer und Ratgeber bei den Mari und kann mit dem Wort „Opferpriester" ins Deutsche übersetzt werden.

Die folgenden Angaben zu der Person des Karts beruhen auf den Aussagen der heute lebenden Karts in Mari-El, mit denen die Verfasserin während der Reise die Gelegenheit hatte zu sprechen. Ihre Aussagen sind nicht in allen Punkten identisch mit den Aussagen aus der Literatur. Das liegt sicherlich an den regionalen Unterschieden und an der Persönlichkeit der Karts. Jeder von ihnen hat seine eigene Auffassung und seine eigene Praxis.

Die Karts erzählten, dass es bei den Mari keine Ausbildung zum Kart und keinen Initiationsritus gibt.

Jeder, der sich dazu berufen fühlt, kann die Tätigkeiten eines Karts ausüben. Die Berufung zum Kart kann auch durch einen Traum geschehen. Am Anfang übernimmt der angehende Kart kleine Aufgaben z. B. bei Familienopferfesten. Allmählich wird ihm dann die Verantwortung für größere Opferfeste übertragen.

Ob ein Kart von der Gemeinschaft angenommen wird oder nicht, hängt davon ab, ob die Opferhandlungen, die er anleitet, erfolgreich sind oder nicht. Erfolgreich heißt, dass die Wünsche, für die geopfert und gebetet wird, in Erfüllung gehen.

Zu den Tätigkeiten des Karts gehören:

- Der Kart bestimmt den Tag der Opferfeste. Das kann er, weil er eine besondere Beziehung zu den Gottheiten hat. Zuerst gibt der Kart den ungefähren Zeitraum an, während dessen ein Opferfest stattzufinden hat. Kurz vor dem Fest benennt er den genauen Tag.
- Der Kart bestimmt die Opfergaben und er bestimmt, welchen Gottheiten geopfert wird.
- Der Kart bestimmt den Opferplatz.
- Der Kart bestimmt, wieviel Feuer für das Ritual notwendig ist. Das Feuer ist bei den Mari ein Symbol für den Geist.
- Der Kart wählt die Wünsche aus, für deren Erfüllung geopfert wird.
- Der Kart führt das Volk zu dem für das Opferfest gewählten Opferplatz.

Zu den Tätigkeiten eines Karts gehört nicht die Rolle eines Pfarrers bei Hochzeiten oder bei Trauerfeiern. Wenn er gebeten wird, wird er vielleicht eine Rede für das Brautpaar oder zu Ehren des Verstorbenen halten.

Der Kart ist ein Ratgeber und jedermann kann ihn um einen Rat fragen. Dabei spielt die Religion des Ratsuchenden keine Rolle. Er wird sagen, was und welchen Gottheiten der Ratsuchende zu opfern hat. Im Opfern kann somit der Mensch die Heilung durch einen persönlichen Verzicht oder durch eine Beschränkung der eigenen Wünsche erlangen.

An den Opferfesten der Mari kann jeder teilnehmen. Die Mari sagen, dass es 77 (d. h. viele) verschiedene Religionen gibt, aber keine ist besser als eine andere.

Die Naturreligion der Mari kennt weder Kommunion noch Konfirmation. Die Kinder lernen die traditionellen Gebete von ihren Eltern und geben sie wiederum an ihre eigenen Kinder weiter. Von klein an nehmen die Kinder an den Familiengottesdiensten teil.

Die traditionelle Kleidung der Karts war weiß. Heute tragen manche Karts normale Kleidung.

Es gibt weiterhin viele Karts. Von Zeit zu Zeit sammeln sie sich zu einem gemeinsamen Treffen. So ein Treffen fand im Jahre 1991 in Joshkar-Ola statt.*

Die Karts sind angesehene Personen in der Gemeinschaft. Als 1992 der Präsident von Mari El, Vladislao Zotin, in sein Amt eingeführt wurde, wurde er auch von dem Vorsitzenden der Anhänger der Naturreligion Osh Tshimur gesegnet.*

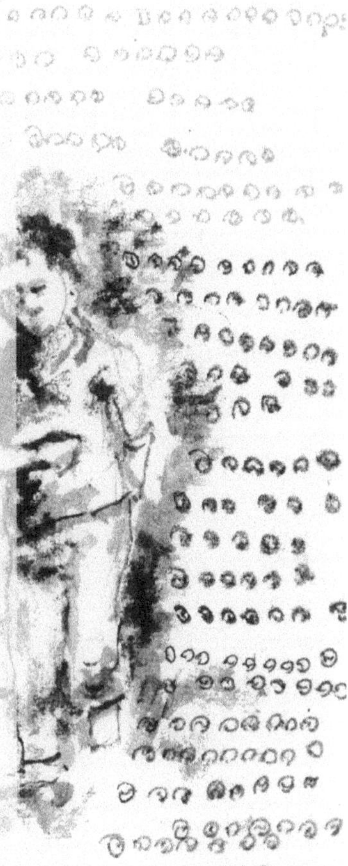

* Vgl. Laulajainen, S. 53.

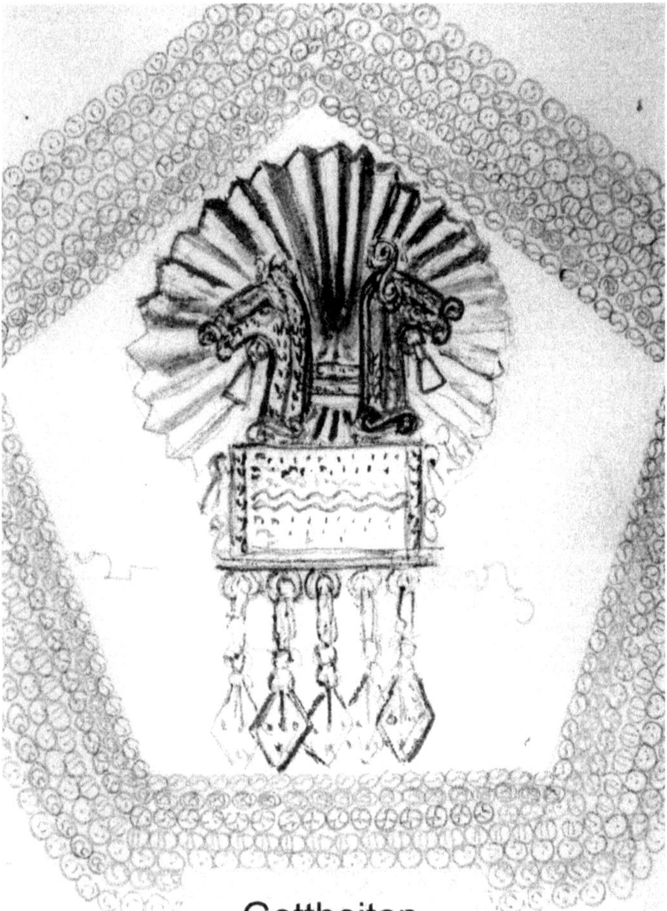

Gottheiten

„Die Lehre der älteren Menschen geht nicht verloren."
(Sprichwort der Mari)

Die Mari haben viele verschiedene Gottheiten.
Zu den höheren Gottheiten gehören u. a.:
- die Gottheit des Himmels,
- die Gottheit der Sonne,
- die Gottheit des Mondes,
- die Gottheit des Wassers und
- die Gottheit der Erde.

Diese Gottheiten sind verschiedene Erscheinungsformen der Natur. Gottheiten haben auch Vermittler. Jedoch die Mutter Sonne und die Mutter Mond kann der Mensch ohne Vermittler ansprechen.*

In der Lebensphilosophie der Mari ist kein Gott einem anderen untertan. Alle Erscheinungsformen stehen gleichwertig nebeneinander. Die Gottheiten kämpfen nicht miteinander. Sie sind verschiedene Aspekte des Einen mit unterschiedlichen Eigenschaften.

* Vgl. Laulajainen, S. 50.

Neben den Naturgottheiten gibt es niedrigere Gottheiten. Sie sind Geister verstorbener großer Menschen. Man vermeidet es, die Namen dieser Geister zu nennen und umschreibt sie mit Bezeichnungen, die deren Eigenschaften ausdrücken. Diese Geister können nämlich Gutes und Schlechtes bewirken.

Einer dieser Geister ist der große „Tschumblatt". Von ihm wird erzählt:

„Tschumblatt" war ein großer Mann, größer als alle anderen. Seine Kniee reichten bis zur Tischkante. Er war einer der wichtigsten Führer des Mari-Volkes und ein großer Kämpfer. Er rettete das Volk vor dem Feind. Als er sich alt und schwach fühlte, ging er in eine Berghöhle. Vorher versprach er jedoch, dem Volk der Mari in der Not zu helfen.

Wenn das Volk in Not ist, soll jemand dreimal um den Berg reiten, in den er hineingegangen ist. Auf dieses Zeichen hin wird er herauskommen und seinem Volk helfen.

Ein Mari ritt einst dreimal um den Berg, obgleich keine Not war. Der große Berggott kam heraus. Als er feststellte, dass man ihn umsonst geweckt hatte, verlangte er von dem Tag an jährlich ein großes Tier als Opfer. Auch heute opfern die Mari dem großen Berggott.

Weitere Geister sind zum Beispiel:

- Der Geist des Dorfes. Er ist der Gründer des Dorfes.
- Der Geist der Familie. Er ist der Gründer der Familie. Ist er ein guter Mensch gewesen, ist er auch ein hilfreicher Familiengeist.

Die Mari denken, dass die gesamte Natur beseelt ist. Man fragt den Baum um Erlaubnis, wenn man ihn fällen will oder unter ihm übernachten will.

Auch die Gegenstände haben in der Lebensphilosophie der Mari eine „Seele” – einen „Ört“.

Die Naturgottheiten sind lichtvoll. Ihre Bäume sind Laubbäume. Die niedrigeren Geister können gefährlich sein. Die ihnen gewidmeten Bäume sind Nadelbäume.

Die großen Gottheiten wie „Ösh kugo – der große Berggott“ haben Helfer. Diese werden hoch geehrt, denn gerade sie erfüllen die Wünsche der Betenden.

Ein Gebet für den großen weißen Gott lautet:
„Bismallah, Du großer Gott!
Wir sind hierher gekommen, um zu beten.
Es sei dieser der Tag, an dem Du uns erwartet hast,
es sei diese Zeit die Zeit, zu der Du uns zuhörst.
Heute, wo der Mond neu ist und der Moment günstig,
haben wir uns mit dem reinen Wasser gewaschen.
Mit reinen Gewändern bekleidet,
sind wir zu Dir gekommen. Wir sind gekommen mit unserer Seele, die zwischen dem Himmel und der Erde wohnt, um Dich anzubeten, Du großer Gott!"*

* Laulajainen, S. 43. (Übersetzung aus dem Finnischen von der Verfasserin dieser Arbeit.)

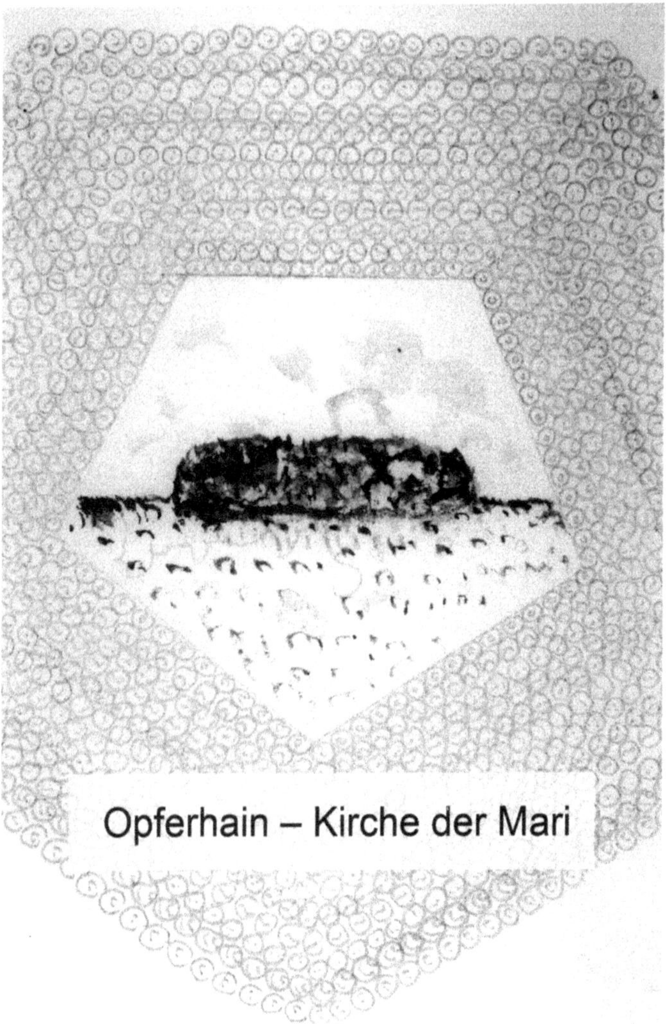

Opferhain – Kirche der Mari

„Lebe nicht nach deinem Wunsch, sondern nach Gottes Befehl.“

(Sprichwort der Mari)

In Mari-El gibt es auch heute noch viele Opferhaine, die die Mari selbst als zweidimensionale Orte beschreiben. Zweidimensional bedeutet, dass dort eine direkte Verbindung zwischen der Erde und dem Himmel besteht.

Diese heiligen Orte erkennen die Mari daran, dass Pferde und Stiere, wenn sie sich dort aufhalten, aktiv und energisch, aber nicht aggressiv werden.

Die Opferhaine sind sehr sauber. Die Natur darf nur so weit verändert werden, wie es zur Ausführung der Opferhandlungen notwendig ist. Nach den Opferfesten reinigen die Karts den Hain.

Den Altar in den Opferhainen bilden die den verschiedenen Gottheiten gewidmeten Opferbäume. Sie stehen oft nebeneinander. Die den Naturgottheiten gewidmeten Laubbäume und die den niederen Gottheiten – den Geistern – gewidmeten Nadelbäume sind räumlich getrennt. Oft befinden sie sich auch in verschiedenen Opferhainen.

Die äußerlich größten und schönsten Bäume sind nicht automatisch Opferbäume. Entscheidend bei der Wahl eines Opferbaums ist das Energiefeld des Baums.

Die Opferhaine liegen oft an einem Fluss oder an einem See. So kann das für die Opferhandlungen benötigte Wasser leicht geholt werden. In einem Opferhain stehen einige Holzgestelle und ein Tisch für die Opfergaben.

Nach dem Glauben der Mari bestrafen die Gottheiten Menschen, die einen heiligen Ort schänden oder gar einen heiligen Baum fällen.

Die Mari erzählen die Geschichte von Albert, der eine heilige Linde fällte. Kurz darauf starb seine Frau und er selbst verlor seinen Verstand. Jedoch wurden während der Zeit der Sowjetunion viele Opferhaine zerstört, u. a. weil sie als Hindernisse für die maschinelle Landwirtschaft angesehen wurden.

Die Opferhaine haben Namen wie „der Suchende“, „Hain für Gebärende“, „Hain für den größten Gott“ oder „Hain für den Zauberer“.

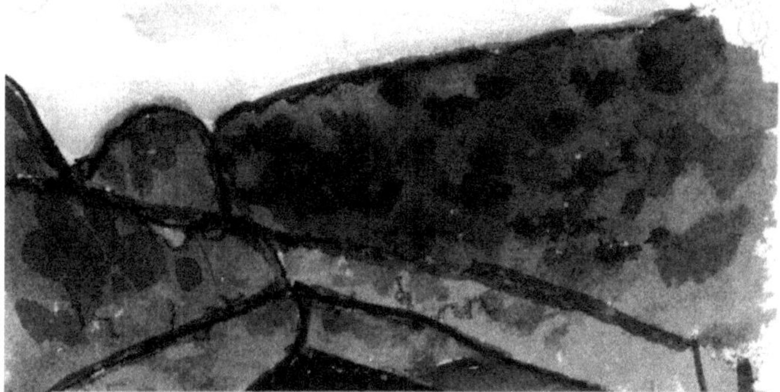

Der Hain

Ein stiller Hain liegt tief in unserm Land,
Er liegt am Ufer, an des Teiches Rand,
Die Bäume wachsen in belaubten Sphären,
Und schön die Bären dort gebären.
Im grünen Laub ertönt
die Nachtigall so weich,
die reine Quelle fließt vom Hain
zum kleinen Teich.
Die Wiesen sind auch grüner,
Die Blumen sind auch schöner.
Mir ist der Hain ans Herz gewachsen,
vertreibe die Holzfäller mit Äxten.*

* Tschawain, S. 47.

Formen des Betens

„Neben Gott (obwohl Gott hilft) muss man sich auch selbst anstrengen.“

(Sprichwort der Mari)

Das Beten ist bei den Mari wichtig. Man soll ständig um das Gute beten. Das Beten schützt und hilft den Menschen. In einer Redensart der Mari heißt es: „Der große Berg-Gott hilft einmal, wenn man einmal betet, er hilft zweimal, wenn man zweimal betet.“

Die Gebete der Mari sind lang. Sie sind durch viele Generationen mündlich überliefert worden. Man betet häufig um den Segen für das eigene Tun. Zum Gebet kniet man sich nieder und bleibt in dieser Haltung für die Zeit des Betens,

Während der großen Opferfeste betet man die ganze Zeit, während die Opferspeise gart. Das kann bis zu zwei Stunden dauern.

In der früheren Zeit lag in der heiligen Ecke des Hause die Opferschale für den Familiengeist. Heutzutage ist diese Ecke bei den orthodoxen Familien zur Ikonenecke geworden. Bei feierlichen Anlässen werden dort Kerzen angezündet.

Nach dem Backen von frischem Pfannkuchen und frischem Brot wird im Familienkreis ein Ritual zelebriert:*

Das frisch gebackene Brot wird auf den Tisch nahe der heiligen Ecke gelegt. Die Pfannkuchen werden wie ein Turm aufeinander geschichtet. Die Brote liegen nebeneinander. Alle Teilnehmer des Rituals knien sich auf den Fußboden und beugen sich. Das Gesicht ist der heiligen Ecke zugewandt.

* Während der Reise hatte die Verfasserin die Gelegenheit, an einem solchen Familienritual teilzunehmen.

Der Vorbeter steht vor dem Tisch mit den Broten und Pfannkuchen. Das Gesicht ist der heiligen Ecke zugewandt. Der Vorbeter (die Großmutter, der Großvater, die Mutter oder der Vater) schneidet eine Scheibe Brot ab. Er teilt einen Pfannkuchen in vier Teile. Er nimmt drei Teile von dem Pfannkuchen und legt die Brotscheibe darauf. Der Vorbeter betet vor dem Verzehr:

„Nimm gnädig entgegen, hold-freundlich und gnädig nimm entgegen, guter großer Gott. Ich bete im Haus mit unberührten federleichten Eierkuchen. Dieser unangeschnittenen (Plinsen) wegen, guter großer Gott, gib Gesundheit zum Leben, erfreue uns durch Gesundheit bewirktem Familienreichtum. Gib der ganzen Familie gute Weisheit, gutes Glück, gute Gesundheit, ein gutes langes Leben, schützend vor Irrtümern der Hände, vor Zweifeln, vor einem aufgehängten Topf, vor dem (bösen) Gerede der Menschen, vor dem Tratsch der Herren, (lass uns) von Jahr zu Jahr ...“*

Nach dem Beten gehen die 3 Pfannkuchenteile mit der Brotscheibe von einem zum anderen. Jeder nimmt etwas von beiden und isst es. Auch Kinder nehmen an diesem Ritual teil.

* Anfang eines langen Gebets vor dem Verzehr von gebackenen Plinsen (Pfannkuchen). Jevsevjev III, S. 129.

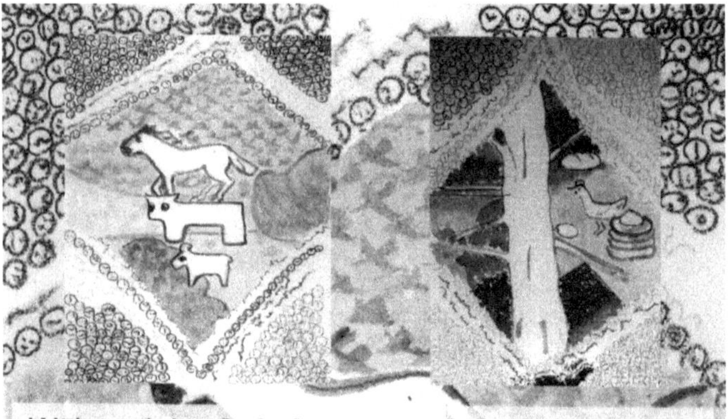

Während der Opferfeste beten die Karts laut. Die Gebete sind vorgeschrieben und die Vorbeter können sie auswendig. Die Teilnehmer hören knieend zu. Das Gesicht ist dem Baum der Gottheit zugewandt, die angebetet wird.

An den Opferfesten für die Naturgottheiten dürfen alle teilnehmen, während zu den Opferfesten für bestimmte niedere Gottheiten – Geister – nur Männer zugelassen werden. Man hält den Umgang mit diesen Geistern für Frauen und Kinder für zu gefährlich.

Wenn man an einem gewöhnlichen Tag in den Opferhain geht, nimmt man die Haltung der Verehrung ein. Die Verfasserin erlebte bei einer Besichtigung eines Opferhains, wie der Dorfälteste seinen Hut abnahm und seinen Blick zu den Opferbäumen richtete. Und beim Verlassen des Opferhains kniete er sich vor den Opferbäumen nieder.

Das Gebet selbst wird mit einer monotonen Melodie – früher durch eine Gusli begleitet – rezitiert. Die Sprache der Gebete unterscheidet sich von der profanen Sprache. In den Gebeten werden zuerst die Gottheiten angerufen, zu deren Verehrung das Ritual durchgeführt wird. Die Opfernden bitten um den Segen für das eigene Tun. Das Gebet ist so in Abschnitte eingeteilt, dass jeweils ein Abschnitt einem Themenkreis der Erwerbstätigkeit – Ackerbau, Viehzucht, Jagd, Fischfang, Bienenzucht – gewidmet ist. Die Karts rezitieren meist jeden Abschnitt in einem Atemzug und so schnell, dass man kaum die Gestalt der Worte erkennt. In den Gebeten gibt es viele Wiederholungen und jeder Abschnitt endet mit den Worten: „Amen, sei unserem Gebet gnädig. Amen, erbarme dich“.

Das große Opferfest

„Gehe nicht voraus, aber
bleibe auch nicht zurück.“
(Sprichwort der Mari)

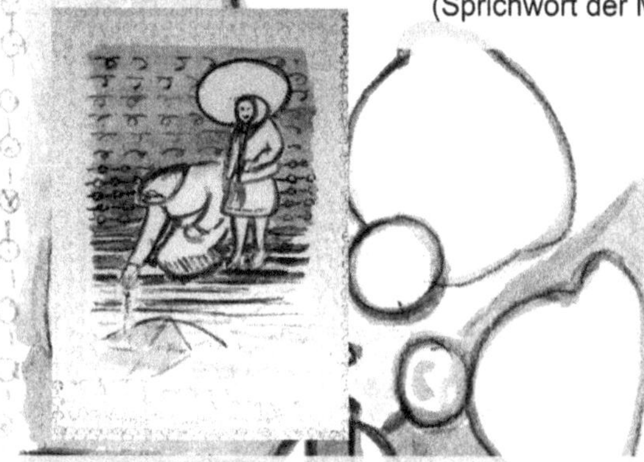

Für das Opferfest in den Hainen werden zuerst die Opfergaben ausgewählt. Das tun die Karts. Sie beraten gemeinsam über den Ablauf des Festes. Die Träume der Karts geben Hinweise auf das, was wichtig ist.

Jeder, der an einem Opferfest teilnehmen will, reinigt sich gründlich. Man geht in die Sauna (Moksa).* Danach zieht man saubere, wenn möglich neue und weiße Kleider an.

* Die „Moksa“ ähnelt sehr der finnischen Sauna und kann sehr heiß angeheizt werden.

Bei den Opferfesten opfern die Mari Tiere (Stiere, Pferde, Kühe, Schafe, Gänse, Hühner), Brot, Pfannkuchen, Tücher und Geld. Es gibt genaue Vorgaben für die Opfergaben an verschiedene Gottheiten.

Bevor ein Tier geopfert wird, wird geprüft, ob die Gottheit, der es geopfert wird, dieses Tier annimmt. Der Kart bespritzt das Tier mit kaltem Wasser. Zittert das Tier, ist es ein geeignetes Opfertier. Wenn das Tier beim ersten Bespritzen nicht zittert, kann die Probe bis achtmal wiederholt werden. Zittert das Tier auch beim achten Mal nicht, ist es zum Opfern nicht geeignet.

Die Opfergaben werden nicht gekauft. Brot, Pfannkuchen und Tücher werden selbst angefertigt. Die Tiere werden ohne eine Gegenleistung von den Karts bei den Bauern ausgesucht.

Von allen Opferspeisen wird etwas in das Feuer getan. Das Feuer trägt die Gebete und Wünsche zu der Gottheit, der geopfert wird. Auch die angezündeten Kerzen tragen die Gebete und Wünsche zu den Gottheiten. Bei den großen Opferfesten wird vielen Gottheiten geopfert. Auch Helfer der Gottheiten bekommen Opfergaben.

Die Opferspeisen werden gemeinsam gegessen. Man probiert vom Teller des Anderen. Die Reste der Opferspeisen werden nach Hause genommen. Dort dienen sie als geheiligte Speise. Besonders die Kranken und die Schwachen, die an dem Opferfest nicht teilnehmen konnten, sollen von dieser Speise bekommen.

Nach dem Fest wird eine Woche in dem Opferhain gebetet. Es werden kleine Opfer gemacht.

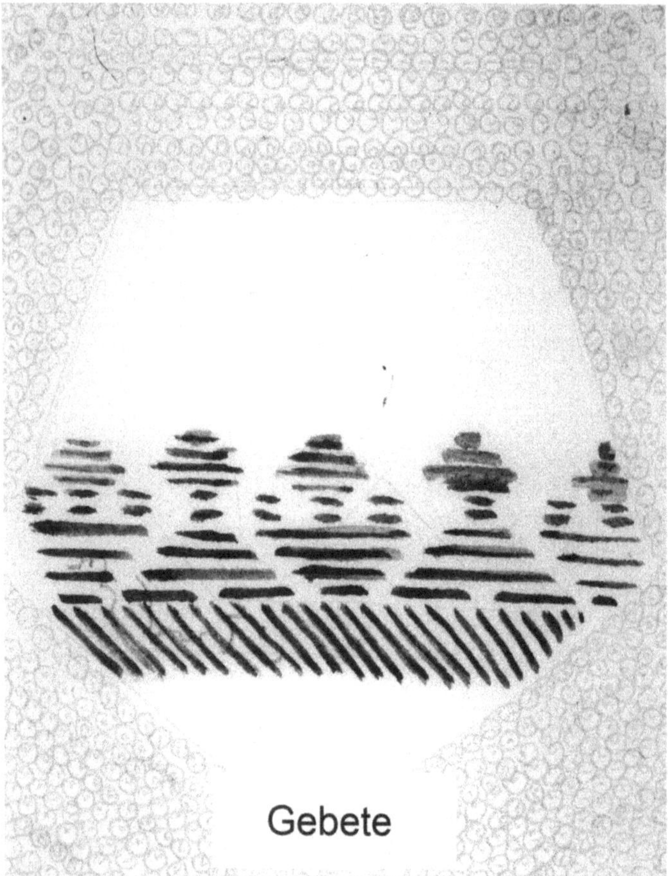

Gebete

„Ohne dich zu bücken, kannst du auch keine Pilze sammeln."
(Sprichwort der Mari)

Die Mari wollen mit ihren Gebeten Gott von den Bedürfnissen des Betenden und von seinem wahrhaften Glauben überzeugen.* Das zeigt der folgende Auszug eines um das Gedeihen des Viehs bittenden Gebets:

*„Nachdem man bis ins Frühjahr gelangt war, kam die Zeit, das Vieh auf die Weide zu lassen, (und) er ging in den Stall mit seinen Kindern, zu Gott sagend „Gott segne", öffnete er das Gatter, trieb dreierlei Tiere hinaus, brach auf, um sie drei Wege entlang zu treiben: sie vor hohen Brücken schützend, vor tiefem Morast schützend, vor Quelladern schützend, vor trockenen Zweigen schützend, vor Fallen schützend, vor Schnurnetzen schützend, vor stehlenden (eigtl. „ich stehle" sagenden) nächtlichen Dieben schützend, vor bösen Zauberern schützend, vor Bären und Wölfen schützend vor Allem schützend, das von ihnen gefressene Heu nahrhaft machend, ihr Frühjahrsfell fortbürstend, die Mageren fett machend, Gott, gib ihnen die Fähigkeit, wie Wachteln prall zu werden ..."***

Wie dieses Beispiel zeigt, ist die Anwendung von langen Sätzen üblich.

* Vgl. Saarinen, Die Sprache ..., S. 61.
** Ebenda, S. 47f.

Der Gott wird in den Gebeten direkt angesprochen. Die Dinge werden als schon Geschehene beschrieben. Das drückt sich in den Sprachformen des Faktativen aus. Ein Beispiel dessen gibt das folgende Gebet zum Gedeihen des Getreides:

„... daraus ließ er tausend Körner wachsen,
ihre Wurzel breitete er zur Größe einer Grützschüssel aus,
ihren Halm machte er dick wie einen Breitopf
machte ihn prall wie ein Ei,
machte ihn weich wie Butter,
ließ ihn stark wachsen wie das Schilf der Wolga,
ihre Ähre machte er prall wie einen Silberknopf,
ließ den Blütenstand hervorbrechen,
ließ die Frucht reifen,
mit mildem Donner, mit mildem Blitz,
mit mildem Wind, mit mildem Regen,
ließ er sie reifen wie Teig,
schützte sie vor starkem Nachtfrost,
setzte sie nicht Kaltem noch Heißen aus,
schützte vor bösem Wind,
schützte vor eisigem Hagel,
schützte vor gefräßigen Tieren,
schützte vor gefräßigen Mäusen,
schützte vor gefräßigen Hamstern,
schützte vor gefräßigen Heuschrecken,
*schützte vor gefräßigen Käfern ...“**

* Ebenda, S. 53.

Die Gebete bestehen aus vielen Sprachbildern. Die Metaphern können auch als Tabuausdrücke interpretiert werden. Die Metaphern wiederholen sich in verschiedenen Gebeten. Zum Beispiel wird die Sichel als „gebogenes Eisen“, das Pflügen als „drei Eisen spielen lassen“ und das Fell eines Wildtiers als „oben (seiendes) Kleid“ bezeichnet.*

Der Vergleich ist ein häufiges Bild in den Gebeten. Der folgengende Auszug zeigt Vergleiche für positive Eigenschaften:

*„Sonnenartige Klarheit, mondartige Fülle, erdartigen Reichtum, wasserartige Reinheit, wärmeartige Üppigkeit (erbitten wir, gestattet uns), aufsteigend wie der Morgenstern zu leben, springend wie ein Floh zu leben, wie ein Biber Reichtum sammelnd zu leben, wie ein Fischotter schlüpfend zu leben, wie Schwalben zwitschernd zu leben, wie Hopfen uns windend zu leben, wie Erbsen fallend zu leben, wie eine Blume blühend zu leben, wie ein Specht fröhlich zu Leben, wie Seide das Leben verlängernd zu leben, gebt langes Leben, lange Lebenstage! Das erbitten, erbeten wir von euch, gute Götter, Amen; seid barmherzig! Wenn ihr dies gebt, danken wir dafür.“***

Die Sprachbilder dieses Gebets zeugen von einer engen Verbindung zur Schöpfung und zu den Lebewesen der Natur.

* Vgl. Ebenda, S. 59.   ** Ebenda, S. 60.

Die langen Gebete sind in Abschnitte entsprechend den mit der Erwerbstätigkeit verbundenen Themenbereichen eingeteilt. Die einzelnen Abschnitte enden mit den Worten „nimm unser Gebet gnädig entgegen". Die sakrale Ausdrucksweise der Gebete drückt sich in den vielen Wiederholungen aus. Diese enthalten synonyme Elemente. Diesen wiederholenden Bau zeigt das Ende eines langen Opfergebets:

„Oh, guter großer Gott,
nimm unser großes Opferbrot gnädig entgegen,
nimm unsere Honigtrunkzutaten gnädig entgegen,
nimm unsere gegarte Opferspeise gnädig entgegen,
nimm unser die Wachskerze anzündend gesprochenes Gebet gnädig entgegen,
nimm das von uns als Opfer Dargebrachte gnädig entgegen, dieses unser mit der Dorfgemeinschaft und mit der Familie gebetete Gebet nimm gnädig entgegen. Amen.
Guter, großer Gott, heute beten wir zu dir,
gib Reichtum an all diesem: an Vieh, Getreide, Bienen, Silbermünzen.
Nimm dieses unser Gebet gnädig entgegen. Amen.
*Nimm nun dieses unser Gebet in seiner Gesamtheit gnädig entgegen."**

* Jevsevjev III, S 99.

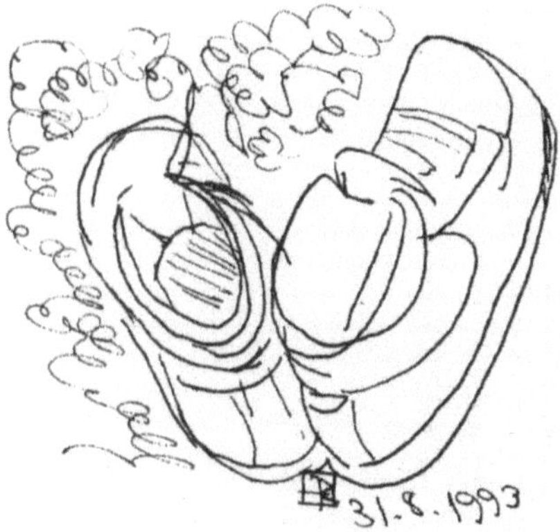

GEGENSTÄNDE UND KLEIDUNG

Lindenbastschuhe

„Ohne Bast prahle nicht damit, Rindenschuhe flechten zu können."

(Sprichwort der Mari)

Die traditionellen Schuhe der Mari sind aus 1,2-1,5 cm breiten Lindenbaststreifen geflochten. Ein Paar dieser geflochtenen Schuhe kann etwa einen Monat getragen werden. Das bedeutet, dass jedes Jahr in jeder Familie viele Paare geflochten werden mussten.

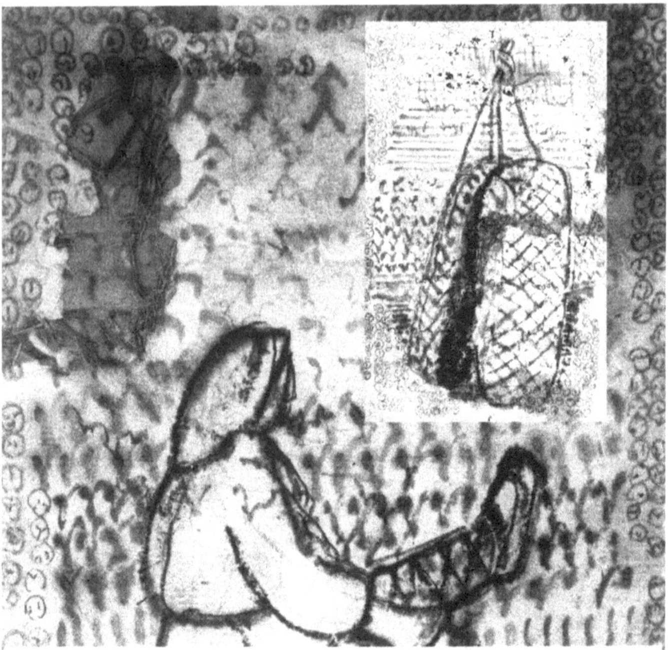

Die Lindenbastschuhe werden mit Schnüren um die Waden gebunden. Um die Waden wickelt man zuerst Stoff, der mit Stickereien, Perlen und bunten Bändern geschmückt ist. Dadurch wirken die Waden gerade und dick wie Tischbeine. Solche Waden waren ein Schönheitsideal der Mari. Außerdem bleiben in der Winterkälte von bis zu -30°C die Waden warm.

Es war ein Tabu bei den Mari, dass die Frauen ihre Waden zeigen. Sogar an den heißen Sommertagen durften die Frauen weder ihre Waden noch ihre Füße zeigen.

Bei schlechtem Wetter wurden unter die Schuhe Holzgestelle als Nässeschutz gebunden.

Das Flechten der Schuhe geschah zu Hause. Die Rinde wird im Juni von den gefällten jungen Linden abgestreift. Die Rinde wird zusammengerollt aufbewahrt. Im Winter wird nach einem Einweichen im kalten Wasser die Rinde zwischen den Händen hin und her gebogen. Das macht man so lange, bis die Rinde sich abziehen lässt und der untere Bast übrig bleibt.

Das Binden der Schuhe mit den Schnüren war eine geschätzte Fähigkeit. Wenn man das nicht konnte, wurde man zur Zielscheibe der Spötter.

Den Wert der Lindenbastschuhe hebt folgender Witz hervor: Ein Mari flocht sich Lindenbastschuhe. Er ging hinaus und machte große Schritte. Als er gefragt wurde, warum er so große Schritte machte, antwortete er: „Damit sich meine Lindenbastschuhe nicht so schnell abnutzen."*

* Laulajainen, S. 219.

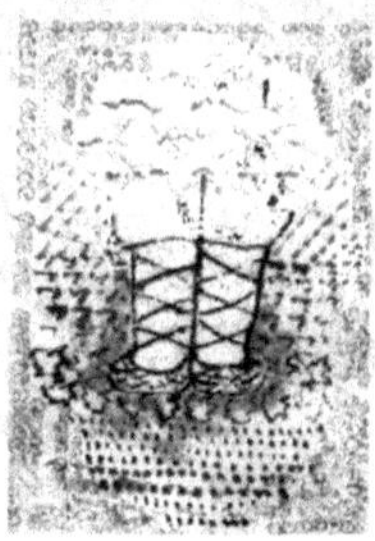

Aus Baumrinde wurden auch andere Gegenstände geflochten. Zum Beispiel Schachteln, Körbe, Gefäße, Dosen, Bottiche, Ranzen, Büchsen, Wiegen, Kinderwagen, Schlitten, Garnwinden, Futterale ...
Die Mari beweisen Kreativität und handwerkliches Können im Umgang mit diesem Material.

Baumrinde war und ist ein Material, das in der unmittelbaren Umgebung vorzufinden ist. Sie ist erneuerbar.

Meine eine Maus hat zwei Schwänze.
Was ist das?*

* Ein Rätsel der Mari. Vgl. Jevsevjev II, S. 155.

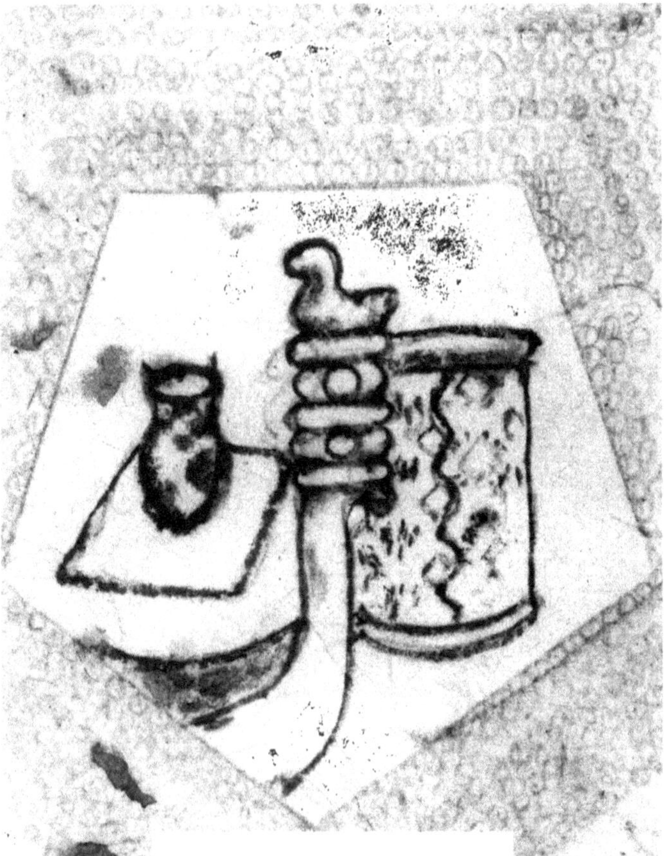

Gegenstände

„Schachtel und Deckel sind vereint."

(Sprichwort der Mari)

In der Glaubenswelt der Mari sind die Gegenstände beseelt. Mit ihnen redet man wie mit Menschen. So schenken die Mari auch den Gegenständen und vor allem den Werkzeugen viel Aufmerksamkeit. Das Design der Gegenstände hat sich im Laufe der Jahrhunderte so entwickelt, dass es den Bedürfnissen und den regionalen Gegebenheiten optimal entspricht.

Die traditionellen Materialien sind Holz und Baumrinde. Aus diesen Materialien konnten die Mari beinahe alles herstellen – sogar Pflüge. Dazu wurden die Mari im 15. Jahrhundert genötigt, als das Land der Mari Russland angeschlossen wurde. Da die Russen einen Aufstand befürchteten, verboten sie den Mari, Metall zu besitzen.

Die alten Gegenstände sind oft mit visuellen Zeichen versehen. Diese Zeichen sind keine Dekoration, sondern visuelle Sprache. Sie vermitteln erkannte Wahrheiten. In diesem Sinne waren die Werkzeuge Gesprächspartner. Sie waren wie ein stilles visuelles Lied. Sie wurden sehr geehrt.

Wenn die Gegenstände unbrauchbar für die tägliche Arbeit geworden waren, bekamen sie einen Platz, wo sie ehrenvoll altern konnten. Einige von ihnen fanden in Riten der Naturreligion eine weitere Anwendung.

Die Seele der Gegenstände heißt genauso wie die wandernde Seele des Menschen „Ört“. Wie hoch die Verehrung war, zeigt das Verhalten der Mari:

Wenn eine Tasse oder ein Holzlöffel lange genug dem Menschen gedient hatte, wurden sie noch einige Zeit bei den Festen zur Erinnerung an die Verstorbenen benutzt.*

* Vgl. Holmberg, S. 55f.

Danach kamen die Gegenstände auf einen Platz auf dem Dachboden, wo die Kinder sie nicht in die Hände bekommen konnten.

Wenn ein Gegenstand lange genug gedient hatte, sprach der Mari: „Du hast uns gedient, genährt und trinken lassen, sei dieser Platz, dir ein ruhiger Platz, Dich auszuruhen."*

Von der Lebendigkeit der Gegenstände zeugt auch die Sitte der Frauen, dass wenn sie sich im Spiegel anschauten, sie den Spiegel küssten und sagten: „Nimm mir nicht meine Form!"**

* Holmberg, S. 56.
** Holmberg, S. 57.

Die Gegenstände wurden ungern einem Fremden gegeben. Wichtigen Werkzeugen, wie z. B. den Sicheln, wurde nach der Erntearbeit geopfert.

Während des Opferrituals, wenn der Bauer einige Ähren um die Sicheln, gewickelt hate, sprach er: „Sicheln, den ganzen Sommer habt ihr gearbeitet, es gebe euch diese von euch gegessene Speise Kraft."*

In diesem Sinne sind die Gegenstände ein lebendiger Teil im Leben der Mari.

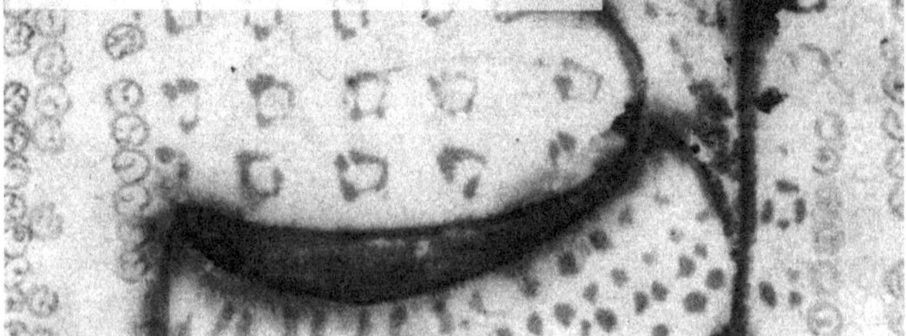

Davon erfuhr auch der Künstler und Wissenschaftler Wassily Kandinsky während seiner Exkursion zu den Komi (ein den Mari eng verwandtes und in der Nähe lebendes Volk). Er berichtet:

* Holmberg, S.57.

“Die großen mit Schnitzereien bedeckten Holzhäuser werde ich nie vergessen. In diesen Wunderhäusern habe ich eine Sache erlebt, die sich seitdem nicht wiederholt hat. Sie lehrten mich im Bilde zu bewegen, im Bilde zu leben. ... Als ich endlich ins Zimmer trat, fühlte ich mich von allen Seiten umgeben von der Malerei, in die ich also hineingegangen war. Dasselbe Gefühl schlummerte bis dahin ganz unbewusst in mir, wenn ich in den Moskau'schen Kirchen war und besonders im Hauptdom in Kreml.”*

Solche Erfahrungen zeigen durchaus, dass die Gegenstände, Gebäude und auch die Kleidung Träger einer spirituellen Atmosphäre sein können. Sie sind nicht zufällig so, sondern sind Ausdruck der Philosophie und Religion der Mari.

* Kandinsky, S. 18.

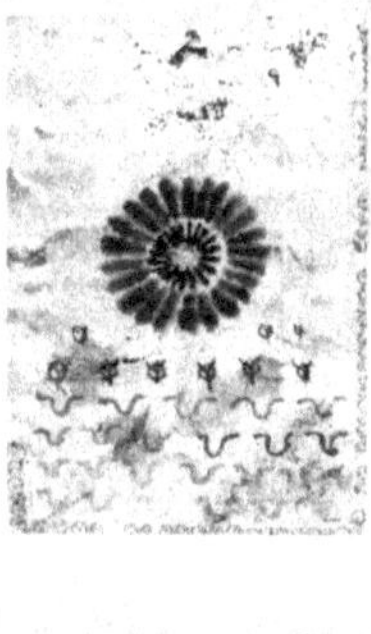

Traditionelle Kleidung

„Gehe deiner Kleidung gemäß.“

(Sprichwort der Mari)

Ein alter Glaube der Mari sagt, dass Gottheiten jedem Volk eine eigene Kleidung gegeben haben. Das Volk darf diese Kleidung nicht wegwerfen, da sonst Unheil geschehen kann.* Heute sind jedoch die Trachten bei den Mari selten. Auch die Kunst der Anfertigung dieser Kleidungsstücke ist im Verschwinden.

* Vgl. Manninen, S. 204.

Zur Tracht der Mari-Frau gehören folgende Kleidungsstücke: Hemden, Leinenröcke, Tuchröcke, Pelzröcke, Hochzeitsröcke, Gürtel, Geldtasche, Schürzen, Hochzeitstücher, Unterhosen, Fußlappen und Fußbinden, Strümpfe, Stiefel, Handschuhe, Kämme, Kopfputz, Tücher, Mützen und Taschentücher.* Auch Schmuck ist ein fester Bestandteil der Kleidung. Der Schmuck hatte die Aufgabe, die Frau – besonders ihren Kopf und die Brust – vor negativen Einflüssen zu schützen.

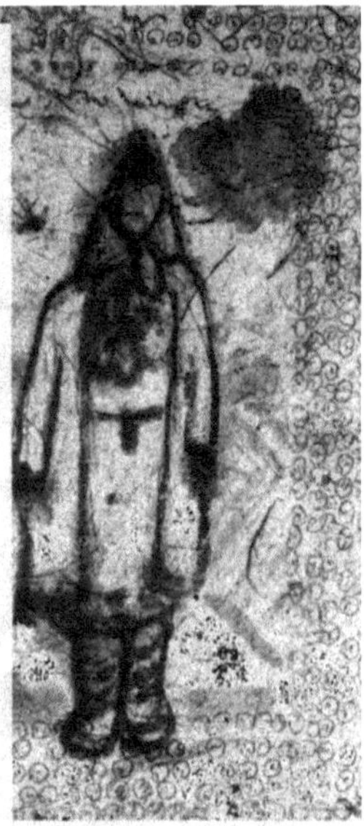

* Vgl. J. Wichmann, S. 7ff.

Zur traditionellen Kleidung der Männer gehören Hemden, Hosen, verschiedene Röcke, Gürtel, Fußlappen, Fußbinden, Strümpfe, Stiefel, Handschuhe, Mützen, Hüte und eine Geldtasche. Die Kleidung der Männer hatte keinen Schmuck.

Der Stoff der Kleidung für Männer und Frauen war weiß. Die Kleidung der Frauen war stärker bestickt als die der Männer.

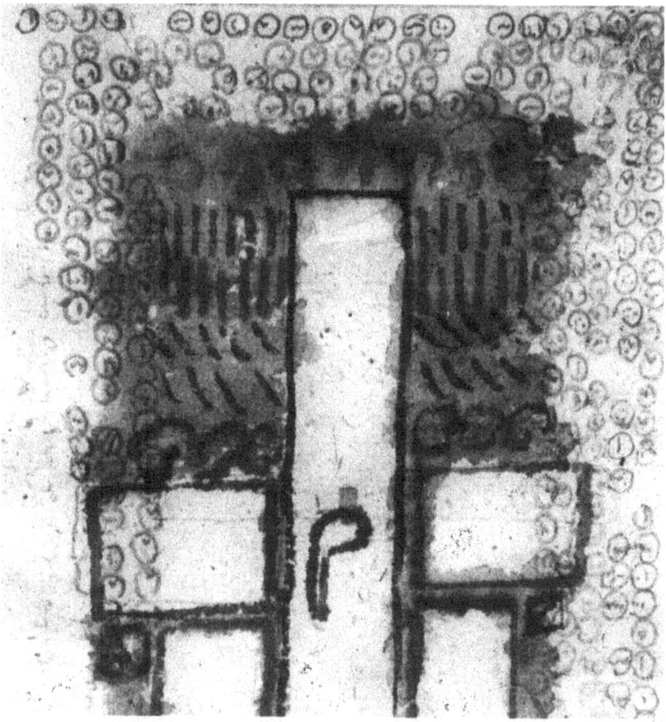

Die Kleidungsstücke wurden aus einem selbstgewebten Leinenstoff genäht. Die Grundschnitte waren einfach – oft gerade Stoffbahnen aneinander genäht.

Die Männer trugen Hüte, während die Frauen eine sehr aufwendig bestickte Kopfbedeckung aus Tüchern trugen. Diese Tücher wie auch die Schnitte der Kleidungsstücke waren regional verschieden.

Die Wiesenmari trugen die Kopfbedeckung „Schimacks". Sie ist ein ca. 20 cm breites und ca. 85 cm langes besticktes Tuch aus Leinen. Besonders die Ränder sind eng bestickt. Ein Ende ist zu einem Dreieck zusammengenäht. Mittels dieses Dreiecks wird das Tuch über den zusammengebundenen Haaren befestigt.

Eine andere Kopfbedeckung der Frauen bei den Wiesenmari ist die „Soroka", ein eng besticktes Tuch in T-Form. Die freien Enden werden hinter dem Kopf zusammengebunden. Es entsteht der Eindruck von einem Helm. Besonders der Teil oben auf der Stirn ist dicht bestickt.

Eine dritte Art der Kopfbedeckung ist „Sarpan“ der Ostmari. Es ist ein zwei Meter langes Tuch, an einem Ende eng bestickt. Diese Stickerei erzählt über das Leben der Frauen. Die Anzahl der Reihen – sie werden Straßen genannt – ist abhängig vom Vermögensstand der Familie. Ein reiches Mädchen durfte mehr Straßen sticken als ein armes.

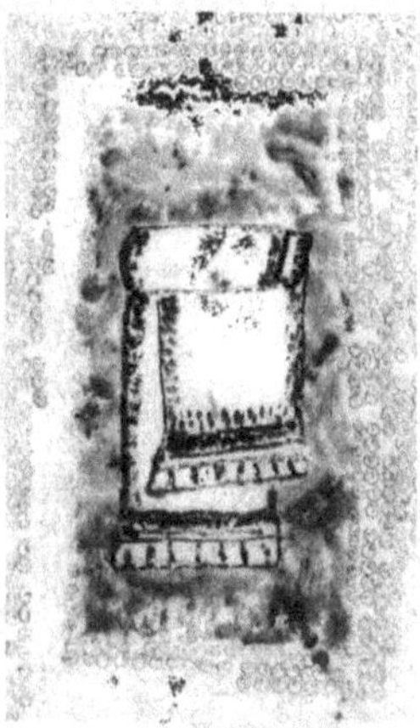

Die Kunst des Stickens hat bei den Mari eine lange Tradition. Es gibt viele verschiedene Muster. Die Stickereien befinden sich meist an den Rändern der Kleidungsstücke: am Halsausschnitt, Rocksaum und Ärmelsaum. An der Kleidung der Frau ist die Bruststickerei sehr breit.

Die Stickereien dienen als Schutz vor dem Bösen. Da das Böse am einfachsten an den Rändern eindringen kann, bedürfen sie einer besonderen Festigung. Für diesen Brauch, die Kleidungsstücke an den Rändern zu besticken, gibt es auch eine rein sachliche Erklärung: die Kleidungsstücke nutzen sich am schnellsten an Rändern ab.

Das zeigt, wie sich bei den Mari das praktische mit dem weltanschaulichen Denken verbindet. Das im Alltag Notwendige bekommt eine geistig-spirituelle Dimension.

Bei den Wiesenmari sind die traditionellen Stickmuster stark geometrisch, während bei den Bergmari durch den engeren Kontakt mit den Russen häufig auch blumige Muster vorkommen. Die blumigen Muster sind heute auch bei den Wiesenmari üblich geworden.

Das Grundmuster bei den Wiesenmari ist quadratisch. Ein weiteres häufig vorkommendes Muster besteht aus zwei spitz aufeinander zulaufenden Dreiecken.

Stickmotive sind: Vögel, Bäume, Blumen und weitere Abstraktionen der Natur. Die Motive formen sich je nach dem Blickwinkel zu immer neuen Bildern: die Vögel werden zu Blumen, die Blumen werden zu Bäumen. Sie erzählen über das werdende Leben.

Bei den Wiesenmari fügt man die meist roten Stickereien in einen naturweißen Stoff. Die rote Farbe wurde früher aus einer besonderen Erde in den Sümpfen gewonnen. Heute jedoch ist dieses Wissen verloren gegangen.

Außer rot kommen in den Mustern auch die Farben schwarz, grün und gelb vor. Die symbolische Bedeutung dieser Farben nach den Angaben des Mythenforschers Akzorin:

- Weiß ist die Farbe des Guten und des Ideals.
- Rot ist die Farbe des Herzens.
- Hellblau ist die Farbe der Kälte.
- Grün ist die Farbe des Lebens.
- Dunkelblau steht für den Kosmos.
- Gelb ist die Farbe der Schönheit und der Wärme.
- Schwarz ist die Farbe des Todes und der Geister der Toten.

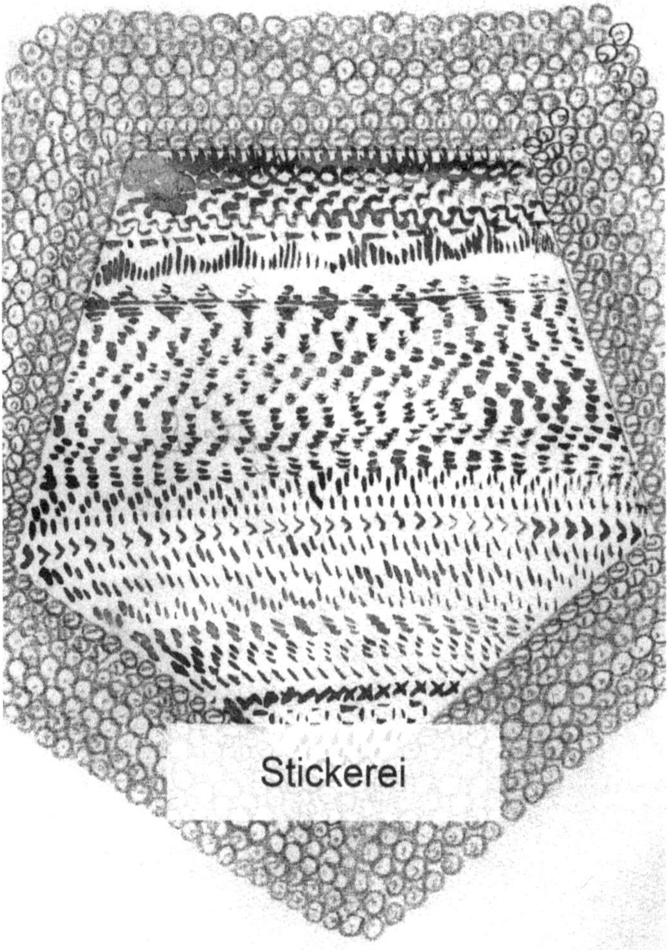
Stickerei

„Eine schnelle Arbeit geht schief.“
(Sprichwort der Mari)

Die Stickerei der Mari spricht die Sprache ihrer sozialen Gemeinschaft.

Valentin Kolumb – ein zeitgenössischer Poet der Mari – dichtet über die Bedeutung der Stickerei:

„Wir haben das Buch erst vor einem halben Jahrhundert in unsere Hände bekommen, aber wir haben immer die Stickerei lesen können.
...
Die vielsagende Stickerei der Mari soll über unsere Vergangenheit in der ganzen Welt erzählen.“*

* Kolumb, S. 62ff.

Die Sprache der Stickerei lernten die Mädchen rein praktisch, durch Sticken. Sie fingen damit im Alter von sieben bis zehn Jahren an.

Die Stickmuster sind regional und familiär geprägt. Sie berichten dem „Lesekundigen", vom Ort und sogar vom Namen der Familie, bei der das Muster beheimatet ist.

Die Stickerei hatte in der Gesellschaft mehrere Funktionen:

- Auf der individuellen Ebene ist die Stickerei ein Ausdruck der Persönlichkeit. Eine Frau wurde nach der Qualität ihrer Stickerei gut oder schlecht beurteilt.
- Auf der Ebene der Gemeinschaft ist die Stickerei ein Träger der kulturellen Identität. Sie ist visuelle Sprache der Gemeinschaft.
- Auf der kulturellen und spirituellen Ebene sind die Stickmuster aus dem Bedürfnis entstanden, sich gegen zerstörende Kräfte schützen zu wollen.

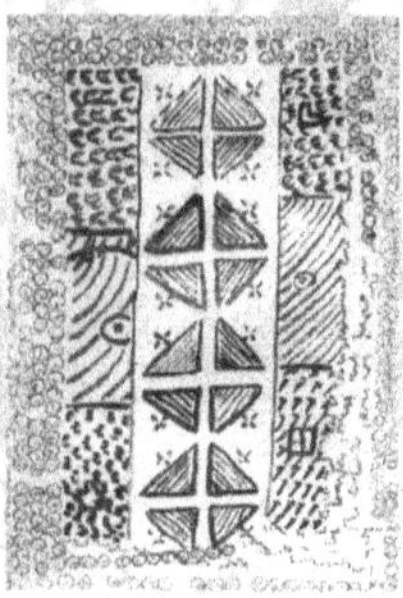

Die Mädchen lernten die Stickerei meist von der Großmutter. Das Kind wuchs so in das visuelle Erbe der eigenen Familie hinein und trug und formte dieses weiter. Die Wichtigkeit des Stickens betonte die alte Regel, dass vor der Hochzeit die Braut den nahen Verwandten des Bräutigams ein Hemd bestickt haben sollte.

Jede Generation fügte den Mustern und Materialien das Spezifische ihrer Zeit hinzu.

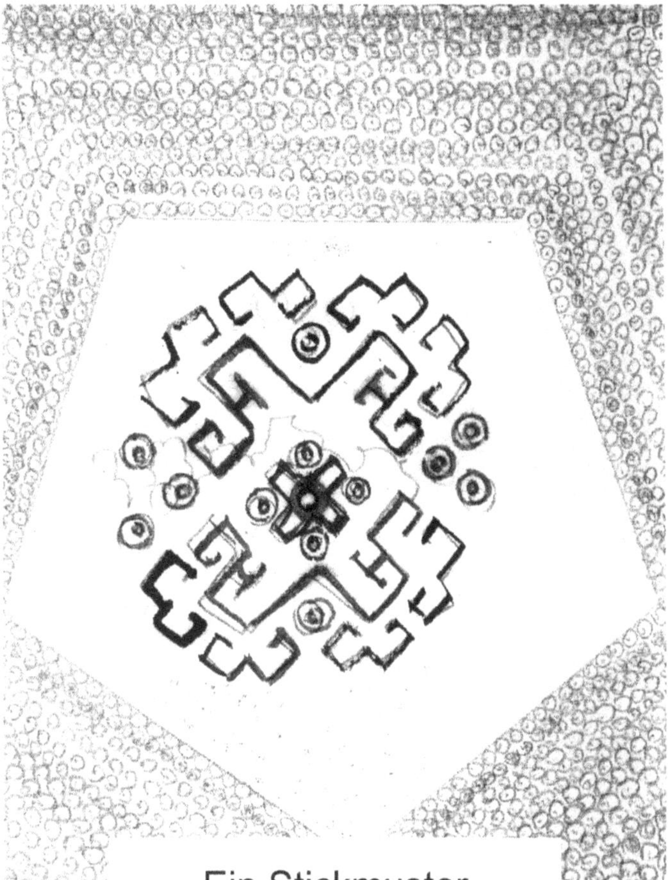

Ein Stickmuster

„Denke, ehe du sprichst."
(Sprichwort der Mari)

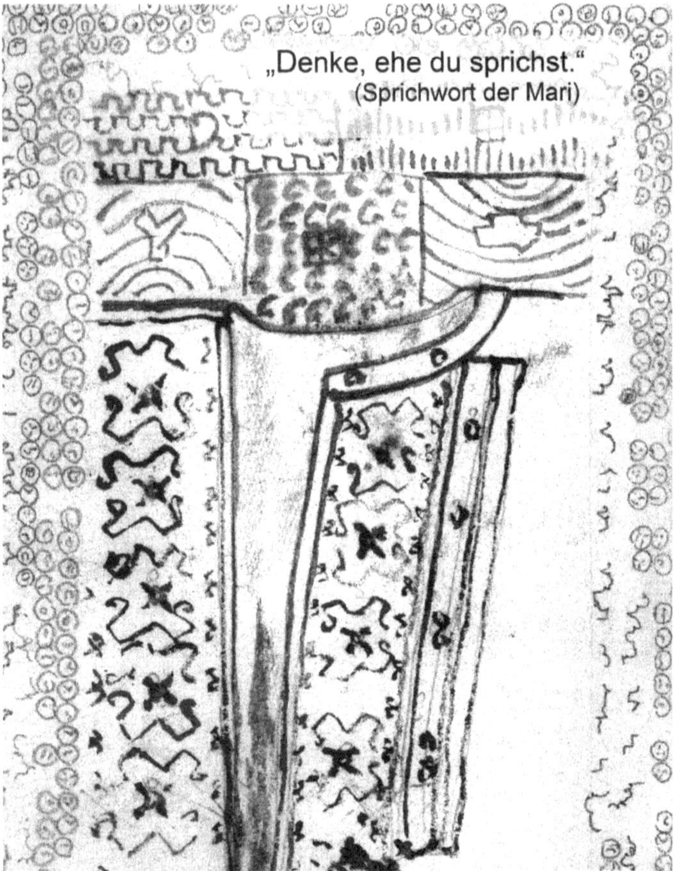

Die Mari haben viele Stickmuster.* Besonders auffallend ist die breite Bruststickerei an den Hemden. Was spricht diese Stickerei?

* Vgl. Heikel, (Das Buch ist eine Sammlung von Stickmustern der Mari.)

Die einzelnen Stiche sind dort sehr klein und fein. Sie sind sehr dicht beieinander und oft diagonal nach rechts aufsteigend

.

Der Künstler Wassily Kandinsky gibt einer rechts aufsteigenden Diagonalen die Bedeutung der harmonischen Energie – Kälte und Wärme gleichen sich aus.

So interpretiert spiegelt diese „Stichführung" die Lebensphilosophie der Mari wider. Das oberste Prinzip der Naturphilosophie ist das harmonische Miteinander der Menschen untereinander und mit der Natur.

In vielen Mustern sind mehrere Reihen diagonal rechts aufsteigend an dem äußersten Rand bestickt worden.

Unter den sonst meist roten Reihen kommen auch grüne vor. Es entsteht die Farbpolarität grün-rot: die Farbe des Herzens und die Farbe des Lebens stehen zusammen.

Durch die vielen kleinen Stiche, die sich wie ein visuelles Mantra am Rand wiederholen, wird eine Schutzmauer gebildet.

Die Mari selbst nennen diese Art der Randstickerei Querbalken.
Im roten Teil des Querbalkens kommen in einigen Mustern schwarze, grüne und weiße Figuren vor. Die schwarzen Figuren erinnern an das Vergangene, an die Verbundenheit mit der Tradition und an die Geister der Toten. Die weißen Figuren erinnern an das Gute und an die Ideale. So entsteht das Bild von einem Spannungsfeld des Lebens zwischen dem Ideal (weiß) und dem Tod, getragen von der roten Herzensenergie.

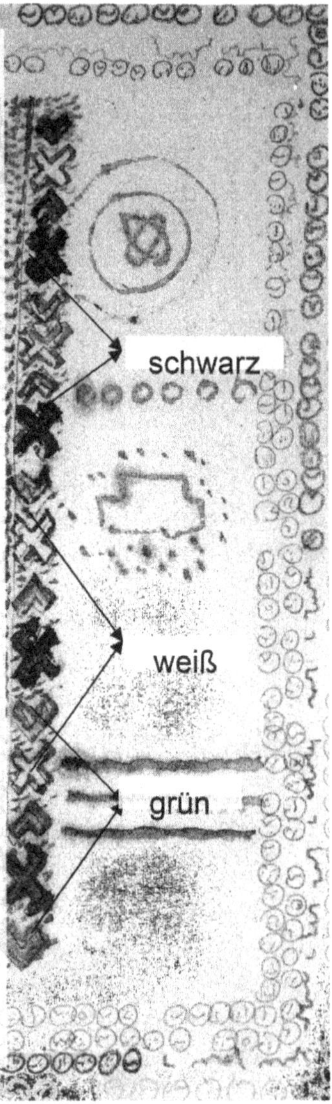

Das rechts abgebildete quadratische Muster kann in vier Quadrate eingeteilt werden. Das Muster entwickelt sich spiegelbildlich um die senkrechte und waagrechte Mittelachse.

Das Rot des Herzens in der Mitte des Musters ist schwarz umrandet. Das erinnert daran, dass jede Erscheinungsform schon bei der Geburt den Tod enthält.

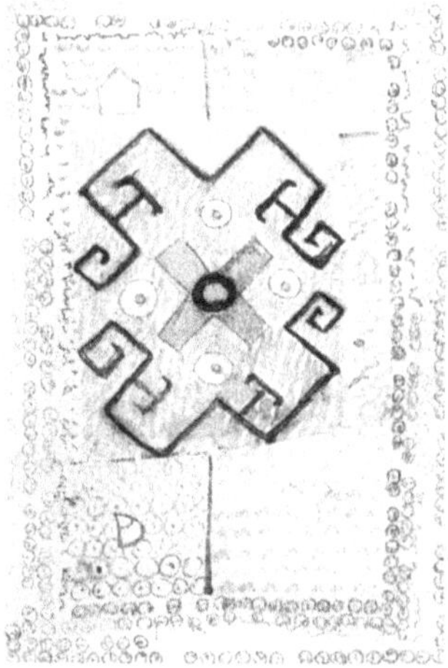

Um die Mitte gruppieren sich vier weiße Kreise. Um den schwarzen Kreis sind vier grüne Rechtecke wie Blätter einer keimenden Pflanze. Die weißen Kreise geben Orientierung – zeigen die Richtung des Ideals im Werden. In den roten und feinen Stichen des Hintergrunds spricht das Herz.

Figurationen aus schwarzen diagonalen Linien tragen die Komposition. Dazwischen liegen kleine Kreise. In dem Muster bildet sich eine sternförmige Bewegung von innen nach außen. Es handelt sich aber auf keinen Fall um eine Explosion oder eine stark expressive Kraft. Die feinen Stiche wirken eher gedämpft. Und die Ausweitung ist langsam, nur mit viel Geduld zu erreichen. Das Sticken selbst ist ja gerade eine große Übung in der Geduld. Mit den Worten des Poeten Valentin Kolumb:

> „Mit auf einen weißen Leinenstoff genähten feinen Kreuzstichen erzählen sie* über das Leben des Volkes."**

* Die Stickereien. ** Kolumb, S. 62.

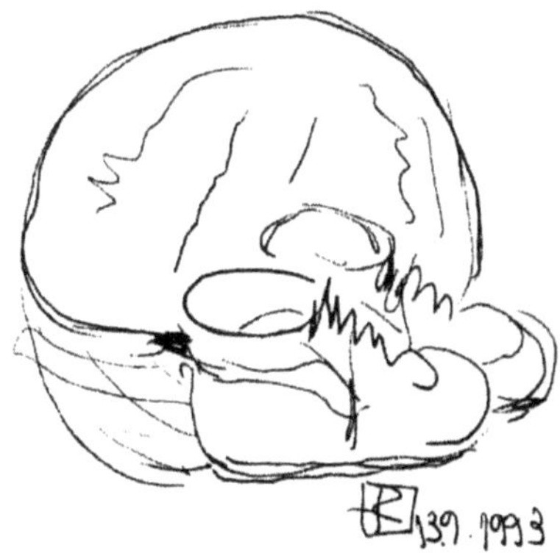

SITTEN UND BRÄUCHE

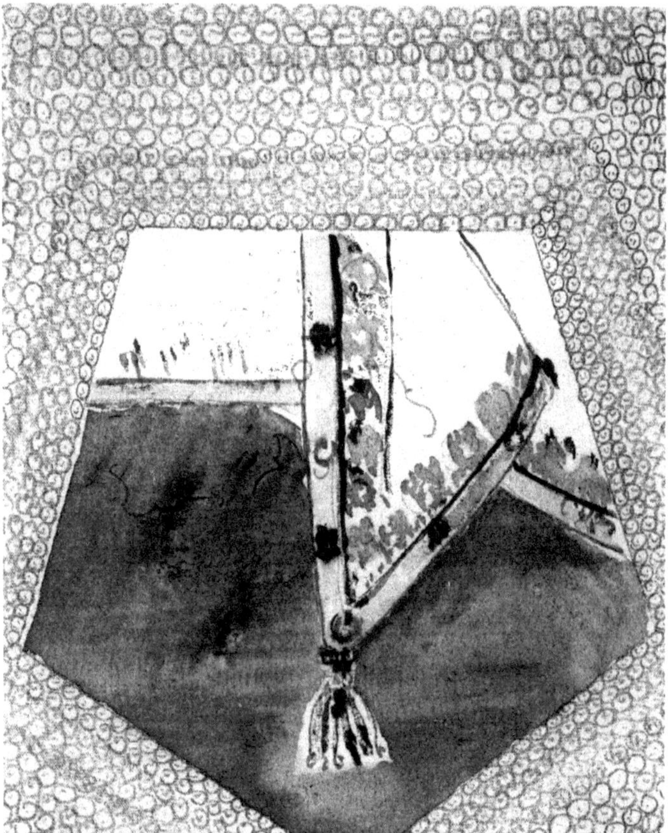

Wege der Überlieferung des Kulturerbes

„Wenn du zwei Hasen jagst,
wirst du keinen fangen."
(Sprichwort der Mari)

Die Kinder lernten die Traditionen, Sitten und Bräuche der Familie, der Sippe und des Dorfes nachahmend im gemeinsamen Tun mit den Älteren. Die heiligen Texte (u.a. lange Gebete) wurden mündlich überliefert. An den Texten durfte nichts geändert werden. In den Schlussworten eines Gebetes sagt der Kart:
„Ich sage euch ein lehrendes Wort, wenn Ihr willig seid zuzuhören. ... Hört auf das lehrende Wort der Älteren. Gott hat die Seelen gleich geschaffen. Die Seele keines einzigen von uns ist wertloser als eine andere. Tut nicht Böses ...
... geht nicht einander verleumdend (eigtl. essend) in den Dörfern einher. Lebt schön, wenn ihr schön lebt, gibt Gott fortan Glück. Es werden heilige Menschen geboren. Um das Glück der heiligen Menschen willen verlängert Gott vielleicht unser Leben."*

* Jevsevjev, Bd III, S. 99.

Es gab jedoch auch schwarzmagische Praktiken. Das zeigt, dass nicht alles in Praxis umgesetzt wurde, was die heiligen Texte verkünden.

Die vielen handwerklichen Tätigkeiten wie Schnitzen, Sticken, Weben – Schulungsformen einer ruralen Lebensweise, die stark auf die langsamen Wachstumsprozesse der Natur angewiesen ist – lehrten Geduld und Ausdauer.

Valentin Kolumb dichtet:

„So,
während sie arbeiteten
in Zeiten des Friedens,
brauchten die Mari nicht
Messing, nicht Kupfer,
sondern bestickten ihre
Hemden und Kleider
mit den Farben des
Regenbogens.“*

Das bedeutet: Die Zeiten des Friedens waren auch Zeiten des Arbeitens. Man bestickte dann die eigene Kleidung, man verwandelte die eigene äußere Erscheinung mit Geduld und Ausdauer in ein Kunstwerk. Die Mari sammelten keine Reichtümer, sie handelten nicht mit Messing oder Kupfer, sondern sie verfeinerten ihr handwerkliches Können.

* Kolumb, S. 62.

Valentin Kolumb
weiter:

„Und die Stickerei
der Mari wurde als
ein Mittel gegen den
Krieg bezeichnet.
Sie verachtete ja
das Gold,
auf den weißen
Leinenstoff mit genähten feinen
Kreuzstichen
erzählte sie über das Leben des
Volkes.“*

Dieser Teil des Gedichts drückt aus, dass die Stickerei einen hohen Wert hat. Mit ihr berichtet man über das Leben des Volkes. Dieses visuelle Erbe ist im gewissen Sinne unvergänglich, denn es wird im lebendigen Tun weitergegeben und erneuert – ebenso wie auch Gebete, Märchen oder Geschichten durch die mündliche Überlieferung weitervererbt werden.

* Kolumb, S. 62.

Auf die Frage, warum die Mari diesen Weg des Arbeitens mit viel Ausdauer und Geduld gehen und warum sie so arm geblieben sind, gibt die folgende Geschichte eine Antwort:

„Einmal rief Gott alle Völker der Erde zusammen, darunter auch die Tscheremissen. Gott zeigte ihnen große Reichtümer und Geld. Da füllten sich die Russen und Tataren ihre Taschen mit Gold. Der Tscheremisse hatte keine Taschen, deshalb nahm er nur einige Münzen und steckte sie in seinen Feuerzeugbeutel, dem „Kalta", wo er Feuerstein, Zunder und Feuereisen hatte. Deshalb gibt es auch heute unter den Tscheremissen weder Reiche noch Kaufleute."*

* Jevsevjev III, S. 211

Das Individuelle und das Gemeinschaftliche vereinen sich in der kulturellen Überlieferung:

- Märchen und Geschichten werden von jedem Erzähler individuell gefärbt. Jedoch bleibt der Kerninhalt gleich.
- Zu bestimmten Anlässen (Hochzeiten, Arbeit, Abreise zum Militärdienst) werden Lieder und Gedichte komponiert und gedichtet. Das erneuert das Liedgut und die Dichtkunst.
- Stickerei und Schnitzerei werden im Tun gelernt. Jeder entwickelt dabei seine eigene Handschrift und je nach den Fähigkeiten neue Muster und Formen.

In allen diesen Formen der Überlieferung ist das Individuelle im Kontext des Alltags mit dem gemeinschaftlichen Kulturerbe verbunden.

Sterben und Tod

„Aus Spiel wird Ernst.“
(Sprichwort der Mari)

In dem Menschenbild der Mari ist das Unsichtbare des Menschen dreigeteilt:

- Der Atem – „Shülösh” – verlässt den Menschen beim letzten Atemzug durch den Mund.
- „Tshon” wird der spirituelle Teil bezeichnet, der bis zum Tod im Körper von einem Ort zum anderen wandert.
- Der dritte unsichtbare Teil des Körpers heißt „Ört“. Er kann sich vom Körper trennen. Wenn das geschieht, wird der Mensch krank. Genesung bedeutet, dass der „Ört“ zurückgekehrt ist. Wenn der Mensch träumt, hat der „Ört“ den Körper verlassen und wandelt an anderen Orten. Der „Ört“ bleibt nach dem Tod in einer engen Beziehung zum Körper. Er folgt dem Körper zum Friedhof.*

* Vgl. Holmberg, S. 11.

Im Weltbild der Mari setzt sich das Leben nach dem Tod genauso wie zu Lebzeiten fort. Deswegen gaben sie in den früheren Zeiten den Toten das Lebensnotwendige mit ins Grab. Wenn der Tod sich näherte, legten sie den Kranken auf Stroh. Eine alte Überlieferung sagt nämlich, dass, wenn man im Bett stirbt, man im Jenseits die Bettfeder lesen muss. Eine andere Erklärung für dieses Verhalten ist, dass die Mari fürchteten, der Tod könne auf die Lebenden übergehen.

Das Begräbnis findet unmittelbar nach dem Tod statt. In dem Holzkasten für den Toten gab es ein Fenster, damit der Tote es hell in seiner Stube hat und schauen kann, was um ihn geschieht. Zu Ehren des Toten wurde am 3., 7., 40. und 100. Tag nach dem Tod ein Fest organisiert.*

Die Seele „Ört“ lebt nach dem Tod weiter auf der Erde. Sie kann von einem Ort zu einem anderen gehen, jedoch nicht über einen Fluss oder ein größeres Gewässer. Aus diesem Grund sind die Friedhöfe der Mari – wenn möglich – auf der anderen Seite des Flusses.

* Vgl. Holmberg, S. 13.

Bilder und Vorbilder

"Die Augen mögen das Schöne, der Mund das Süße."
(Sprichwort der Mari)

Die Tugenden, die von einer Mari-Frau erwartet wurden, waren: gut sticken, gut kochen, gut weben und gut singen zu können. Die Verfasserin erlebte die Frauen in ihrem Wesen zurückhaltend, eher abwartend und geduldig.

Die Geduld wurde vor allem durch das Sticken geschult. Man sagt, dass die Tätigkeit des Stickens auch die Frau selbst schützt.

Der Schmuck in der Kleidung der Frau schützt diese vor allem Negativen. Der Schmuck einer jung verheirateten Frau war sehr üppig, während mit dem zunehmenden Alter der Schmuck immer weniger wurde.

Der Schmuck gehörte der Frau allein und vererbte sich von der Mutter auf die Tochter.*

* Vgl. Lehtinen, Tsch., S.11ff und Medschitowa, S. 2f.

Der Mari-Mann musste früher eine Männlichkeitsprobe bestehen. Er sollte nämlich einen Bären erlegen. Er sollte zwei Männer im Ringen besiegen. Er sollte ein Eichhörnchen erschießen, ohne das Fell zu verletzen. Er sollte eine Woche allein im Wald leben. Er sollte im Winter von einem Eisloch zu einem anderen tauchen.

Den Besucher grüßt in den Dörfern zuerst der Mann. Er unterhält sich auch mit den Gästen. Die Frauen bleiben im Hintergrund Jedoch entsteht gerade in den entlegenen Dörfern trotz dieses Verhaltens der Eindruck, dass die Frauen, viel zu sagen haben. Und in Mari-El arbeiten viele Frauen in leitenden Positionen.

Baum-Symbol für den Mann ist die Eiche und für die Frau die Birke. Unter den Tieren ist die Ente ein Symbol für die Frau und das Pferd ein Symbol für den Mann.

So dichtet der Mann der Geliebten:

„Lass uns gemeinsam gehen
und eine Zwillingszwiebel essen.
Eine Zwillingszwiebel ist wie Honig und wir zwei sind wie eine Seele."*

Und so dichtet die Frau dem Geliebten:

„In einer gelben Blume ein gelber Schmetterling.
In dir meine Sehnsucht."*

* Gedichte aus: Sinussa minun ikävä-ni, S. 74 und 85. (Übersetzung ins Deutsche von der Verfasserin.)

Vor der Hochzeit

„Wenn es eine Tür gibt, geht niemand durch das Fenster.“

(Sprichwort der Mari)

Wenn die Mari-Frau die Hemden bestickt hat, die sie als Mitgift den Männern in der Familie des Bräutigams zu überreichen hat, und sonst alle Vorbereitungen für die Hochzeit fertig sind, gibt sie es kund. Sie bläst das „Üdorpush“ oder Mädchenhorn. Damit wollten die Mädchen im heiratsfähigen Alter die Aufmerksamkeit der jungen Männer auf sich lenken. Beim Blasen des Horns durfte sonst keiner anwesend sein.

Bei der Werbung eines Jünglings wurden zuerst die Eltern des Mädchens gefragt. Sind sie mit der Ehe einverstanden, wurde die Tochter gefragt. Sie konnte die Werbung ablehnen.

Bei der Brautwerbung hatte der Anwärter einen Sprecher dabei, der die Angelegenheit kundtat. Sagte die Tochter „ja“ zur Brautwerbung, fand die Hochzeit schon bald statt.

Früher dauerte die Hochzeit zwei Tage und zwei Nächte. Heute ist der Ablauf auf einen Tag zusammengerafft.
Zu der Hochzeit gibt es keine gesonderten Einladungen. Das Fest beginnt um die Mittagszeit im Hause des Bräutigams. Besucher kommen und bringen traditionsgemäß Piroggen (Gemüse, Reis und anderes in einer Teigtasche eingebacken) mit.

Ein langer Tisch wird mit Piroggen und Salaten gedeckt. Eine warme Suppe wird angeboten. Und ein Weizenbrot mit einem Salzgefäß darf nicht fehlen.

Vor dem Essen werden drei Kerzen in der heiligen Ecke angezündet. Ein Dorfbewohner spricht das Gebet. Der Sprecher ist eine erfahrene Person, aber nicht notwendigerweise ein Kart.

Der Bräutigam sitzt unter dem Hausaltar in der heiligen Ecke. Der Platz der Braut neben ihm ist noch frei. Abwechselnd sitzen die Gäste um den vollgedeckten Tisch. Jeder bekommt einen Löffel. Man isst aus den gemeinsamen Schüsseln. Man isst schnell und gibt den Platz für die Nächsten frei. Man isst eher in der Stille – gesprochen wird draußen oder anderswo im Haus.

Bilder einer Hochzeit

„Hafer wird nicht vor dem Roggen gemäht."

(Sprichwort der Mari)

Die Musikinstrumente für die Hochzeit werden am Anfang des Festes gesegnet. Heutzutage sind diese Instrumente häufig Trommeln und Akkordeon.

Zur Hochzeit gehören Geleitfrauen. Sie krönen die Hochzeit. Sie tragen traditionelle Trachten bestehend aus bestickten Leinengewändern. Die Kleidung beinhaltet Silberschmuck von 15-30 Kilo Gewicht, einen grünen Kaftan und eine warme Fuchspelzmütze.

Die Anzahl der Geleitfrauen ist ein Ausdruck für den Wohlstand des Hauses. Die Geleitfrauen unterhalten die Gäste mit Tanz und Gesang. Sie gehen im Hochzeitsdorf von Haus zu Haus und laden zum Feiern ein.

Zum Schmücken des Hochzeitshauses dienen Ebereschenzweige. Nach dem Glauben der Mari vertreibt die Eberesche böse Geister. So wird auch hier ersichtlich, dass die Mari nicht nur dekorieren, sondern durch das Schmücken einen geschützten und heilen Raum ermöglichen wollen.

Wenn die Gäste im Haus des Bräutigams gegessen haben, fahren alle gemeinsam zum Haus der Braut.

Wenn der Hochzeitszug vor dem Haus der Braut angekommen ist, wird er nicht sofort durch das Tor hineingelassen. Der Bräutigam muss um den Einlass betteln. Nach einiger Zeit des Hin und Her geht das Tor jedoch auf. Die Freunde des Bräutigams versuchen während dessen über den Zaun zu klettern.

Alle werden zum Essen eingeladen. Eine kirchliche Trauung kennen die Mari nicht. Das Fest ist die Besiegelung des Ehebundes. Die Anwesenheit eines Karts ist nicht erforderlich. Jedoch verlangt der Staat heute eine zivile Trauung im Standesamt.

Die Musikanten spielen und singen. Die Geleitfrauen tanzen schon vor dem Tor.

Ein Lied vor der Pforte zu dem Haus der Braut:

„Ein kleines Feld, ein Birkenhain,
ein großes Feld, ein Eichenhain. -
Ist das unter dem Eichenhain befindliche Gebüsch,
ist der unter dem Gebüsch befindliche Hase (schon) weiß geworden oder nicht?
Hat das Mädchen, das wir nehmen wollen, sich schon geschmückt oder nicht?
Hat die Pforte, durch die wir hineinfahren sollen, sich schon geöffnet oder nicht?"*

Es wird getanzt.

Im Haus der Braut wird ein besonderes Hochzeitsbrot Stück für Stück den Gästen verkauft.

* Volksdichtung, S. 331.

Die Braut wird vom Elternhaus verabschiedet. Ein Kopftuch bedeckt ihr Gesicht. Die Mutter der Braut segnet das junge Paar. Heutzutage kann das infolge des Einflusses der orthodoxen christlichen Religion mit einer Ikone geschehen. Das Brautpaar wird um den Tisch geführt.

Während dieses ganzen Rituals ist das Gesicht der Braut mit einem Tuch bedeckt.

Alle Hochzeitsgäste fahren mit dem Brautpaar wieder in das Haus des Bräutigams. Eine alte Sitte ist, dass die Braut der Schwiegermutter bei der Ankunft dreierlei Brot überreicht:

- Ein Haferbrot, das den Pferdebestand vermehren soll.
- Ein Weizenbrot, das den Getreidesegen gibt.
- Ein Quarkbrot, das den Kuhsegen fördert.

Nach der Ankunft im Haus des Bräutigams wird gegessen. Die Geleitfrauen tanzen und singen.

Die Beschützerin der Braut weicht nicht von ihrer Seite. Sie ist oft eine nahe Verwandte des Bräutigams. Sie hilft der Braut bei allen Ritualen.

In früheren Zeiten hatte die Braut einen besonderen Hochzeitsrock. Sie trug diesen ein Jahr lang nach der Hochzeit sowohl im Sommer wie auch im Winter. Der Grund dafür war der Schutz der Braut in der fremden Umgebung bei den Schwiegereltern, denn nach der Hochzeit zog die Braut in der bäuerlichen Gemeinschaft zur Familie des Bräutigams.

Es gibt viele Hochzeitslieder. Dieses Lied wird im Haus des Bräutigams gesungen:

„O, Eichenwald, Eichenwald, -
zwischen den Eichen ist ein Feuer zu sehen.
O, Birkenwald, Birkenwald, -
zwischen den Birken dringt der Regen hindurch.
O, Samowar, Samowar,
im Samowar brennt das Feuer.
Maksims Sohn, Vasili
brennt beim Gedanken an Anna der Sinn.
Sergeis Tochter Anna
brennt beim Gedanken an Wasili der Sinn."*

Zwischendurch am Tisch klingen „Gorka"-Rufe. Damit fordert man das Brautpaar zum Küssen auf. Man zählt während des Küssens und die Zahl, die man erreicht, ist die Anzahl der zu erwartenden Kinder.

* Volksdichtung, S. 325.

Pfannkuchen gehören zum Hochzeitsessen. Diese werden aus einem Teig mit Hafermehl gebacken. Der Teig wird gesäuert, was den Pfannkuchen einen entsprechenden Geschmack verleiht. Die Pfannkuchen werden nach dem Backen über der Holzglut wie ein Turm aufeinander geschichtet. Sie werden mit zerlassener Butter und Honig bestrichen.

Bei der Hochzeit wird dieser Pfannkuchenturm vom Sprecher in vier Stücke zerteilt. Den ersten Teil bekommt der Bräutigam, den zweiten die Braut, den dritten die Beschützerin der Braut und den vierten bekommt er selbst.

Dass Pfannkuchen eine lange Tradition haben, zeigt das folgende Märchen:

„Ein Vater entschied, seine Töchter zu besuchen und zu schauen, wie sie so leben. Zuerst reiste er zum Sonnenschwiegersohn. Die Tochter war außer sich, da sie dem Vater nichts anzubieten hatte. Sorge Dich nicht, sagte der Sonnenmann. Mache schnell einen Pfannkuchenteig. Wir bieten ihm Pfannkuchen an. 'Aber wie sollen wir sie backen? Wir haben ja keinen Ofen?' fragte die Frau. “Dazu brauchen wir keinen Ofen. Ich bin selbst der Ofen”, sagte der Mann. Die Sonne legte sich hin und die Frau legte die Pfannkuchen auf das Gesicht des Mannes und sie brieten zu einer leckeren Speise.“*

* Lehtinen, S. 38.

Im Land der Mari gibt es auch Sorgen um die Wünsche. Der gewünschte Bräutigam antwortet nicht auf die Lockrufe der jungen Frau oder der Mann bekommt bei der Brautwerbung ein „Nein" zur Antwort. Aber auch in diesem Fall gibt es einen Ausweg: Die Mari kennen viele Zaubersprüche, um das Gewünschte herbeizuzaubern.

So klingen einige Zeilen aus einem Zauberspruch zum Erwecken der Liebe:

„Wie ein Huhn mit Jungen seine Jungen se-
hen will, ebenso möge seine/ihre Seele,
Herz und Zuneigung mich Tag und Nacht
sehen wollen, pfui.
Wie eine Ente mit Jungen ihre Jungen
sehen will, ebenso möge seine/ihre
Seele, Herz und Zuneigung mich
Tag und Nacht sehen wollen, pfui...
Wie eine Kuh mit einem Kalb
ihre Jungen sehen will,
ebenso möge seine/ihre
Seele, Herz und
Zuneigung mich
Tag und
Nacht sehen
wollen, pfui ...
Wie die Sonne aufge-
hend auf die Welt
blickt, ebenso mögen
seine/ihre Seele, Herz und
Zuneigung mich Tag und
Nacht sehen wollen, pfui.
Wie der Mond aufgehend auf
die Welt blickt, ebenso mögen
seine/ihre Seele, Herz und
Zuneigung mich Tag und Nacht
sehen wollen, pfui, pfui, pfui."*

* Jevsevjev III, S. 169.

Wenn man sehnsüchtig ist, kann man auch dichten:

„Ich lief in das weiße Haus,
das Sonnenlicht fiel mir ins Gesicht.
Auf meiner Wanderung ins fremde
  Land
fielen mir meine Verwandten ein.“*

* Volksdichtung..., S. 412.

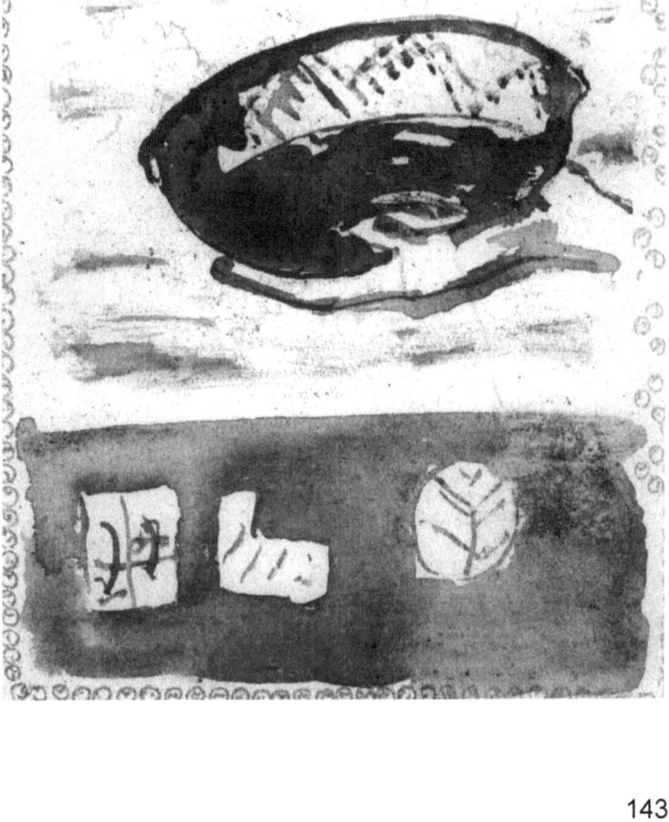

LITERATUR

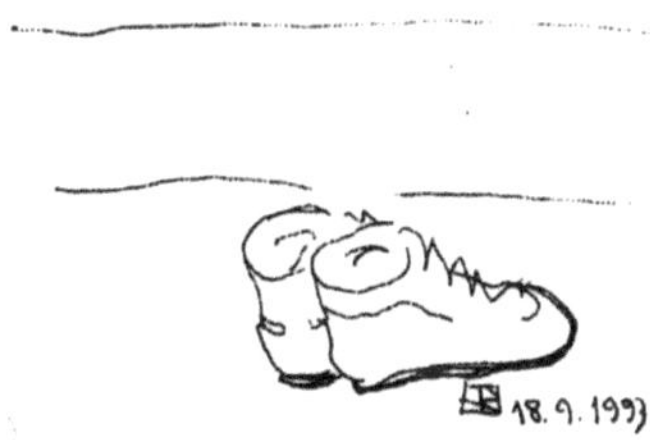

Heikel, Axel O., Die Stickmuster der Tscheremissen, Suomalais-ugrilainen Seura, Kansatieteellisiä Julkaisuja VI, Helsinki 1910-1915.

Holmberg, Uno, Tscheremissien uskonto, Porvoo 1914.

Jevsevjevs, Timofej, Folklore-Sammlungen aus dem Tscheremissischen I, Märchen, Sagen und Volkserzählungen, Hrsg. Alho Alhoniemi und Sirkka Saarinen, Suomalis-ugrilaisen seuran toimituksia 184, Suomalais-ugrilainen Seura, Helsinki 1983.

Jevsevjevs, Timofej, Folklore-Sammlungen aus dem Tscheremissischen II, Vorzeichen, Traumdeutungen, Sprichwörter, Spottverse und Rätsel, Hrsg. Sirkka Saarinen, Suomalis-ugrilaisen seuran toimituksia 199, Suomalais-ugrilainen Seura, Helsinki 1989.

Jevsevjevs, Timofej, Folklore-Sammlungen aus dem Tscheremissischen III, Gebete und Zaubersprüche, Hrsg. Sirkka Saarinen, Suomalis-ugrilaisen seuran toimituksia 211, Suomalais-ugrilainen Seura, Helsinki 1992.

Kandinsky, Paul, Rückblicke, 1901-1913, Berlin 1913, 3. Auflage, Bern 1977.

Kolumb, Valentin, Kaikilla kielillä sydämen laulu on sama (In allen Sprachen ist das Lied des Herzens dasselbe), Kirja-aurora 2002 (Übersetzung ins Finnische Leena Laulajainen und Svetlana Elenhausen).

Laulajainen, Leena, Marilaiset – Laulun ja uhritulien kansa, Keuruu 1995.

Lehtinen, Ildiko, Marilainen keittiö, in: Elias (Suomalaisen kirjallisuuden Seuran jäsenlehti) 3-1993, S. 37-39.

Lehtinen, Ildiko, Tscheremissischer Schmuck.

Ethnographische Untersuchungen. Suomalais-ugrilaisen Seuran kansatieteellisiä julkaisuja 14. Suomalais-ugrilainen Seura, Helsinki 1994.

Manninen, I, Suomensukuiset kansat – kuvauksia esineellisen kulttuurin alalta, Porvoo 1929.

Medschitowa, Eljmira, Mariiskoe narodhoe ickucctwo marii kalik ickycctwo. Joshkar-Ola 1985. Englische Beilage „Mari folk art".

Moisio, Arto, Marilais-suomalainen sanakirja. Publications of the Department of Finnish and General Linguistics of the University of Turku 41, Turku 1992.

Moring, Kirsikka, Saatana saapui Volgalle? In: Helsingin Sanomat vom 16. 2. 2005.

Overy, Paul, Kandinsky -The Language of the Eye, New York Washington 1969.

Ropponen, Ville, Kielisukulaisten tulevaisuus uhattuna, in: Hiidenkivi 6/2005, S. 18-22.

Ruhanen, Reima, Marit aikovat säilyä, in: Maailma ja Me 9 (1991), S. 2-16.

Saarinen, Sirkka, Suomen kielisukulaiset, in: Elias (Suomalaisen kirjallisuuden Seuran jäsenlehti), 3-1993, S. 2-7.

Saarinen, Sirkka, Die Sprache der tscheremissischen Gebete, in: UAJb, N. F. (Ural-Altaische Jahrbücher, Neue Folge) 1993, S. 44-61.

Sinussa minun ikäväni, Marilaisen kansanrunouden antologia, valikoinut ja suomentanut Raija Bartens, Suomalaisen kirjallisuuden Seura Helsinki, Pieksämäki 1997.

Tschawain, Sergei, Oto, Joschkar-Ola 1988.

Väliaho, Juha, Seurakunta uhrilehtojen maassa, in: Lähetyssanomat 5/1999, S. 6-10.

Vikar, Lászlo und **Bereczki,** Gabor, Cheremis Folksongs, Budapest 1971.

Volksdichtung und Volksbräuche der Tscheremissen, Hrsg. Yrjö Wichmann, suomalais-ugrilaisen Seuran toimituksia 59, Helsinki 1931.

Wichmann, Julia, Beiträge zur Ethnographie der Tscheremissen, Suomalais-ugrilainen Seura, Kansatieteellisia julkaisuja V, Helsinki 1913.

REIHEN UND TITEL DES ALBUNEA VERLAGS

Reihe Naturreligion und Mythologie

- Robert Josef Kozljanič: Antike Heil-Ort-Rituale – Traumorakel, Visionssuche und Naturmantik bei den Griechen und Römern. (2004 erschienen)
- Charles A. Eastman (Ohiyesa): Die Seele des Indianers – Ein Siouxindianer berichtet über Glauben und Sitten seines Volkes. (2009 erschienen)
- Helena Rytkönen: Opferriten und Pfannkuchen – Eine Reise ins Land der Mari an der Wolga. (2010 erschienen)
- Hymnen an antike Gottheiten – Ein Gebetbuch für naturreligiöse Menschen. Zusammengestellt, erläutert u. hg. v. L. Lohenstein. (In Bearbeitung)

Reihe Kulturgeschichte

- Robert Josef Kozljanič: Der Geist eines Ortes – Kulturgeschichte und Phänomenologie des Genius Loci. 1. Band: Antike – Mittelalter. 2. Band: Neuzeit – Gegenwart (2004 erschienen)
- Andrea Kölbl: Fiktionen der Liebe – Europäische Volksmärchen und populäre Spielfilme im Vergleich. (2006 erschienen)
- Robert Josef Kozljanič: Gaia – Kulturgeschichte der Mutter Erde. (Geplant)

Reihe Volkskunde und Volksglaube

- Karl Freiherr von Leoprechting: Aus dem Lechrain. Zur deutschen Sitten- und Sagenkunde. Teil 1: Erzählungen aus dem Volk. Teil 2: Das Bauernjahr. Neu herausgegeben und eingeleitet von Marco Höppner und Stefan Daniel (In Bearbeitung)
- Paracelsus: Liber de nymphis, Buch über Nymphen und andere Elementargeister. (Geplant)
- Johannes Praetorius: Blockes-Berges-Verrichtung. Von unheimlichen Orten, Hexen, Werwölfen und anderen Sagengestalten. (Geplant)

Reihe Lebensphilosophie

- I. Jahrbuch für Lebensphilosophie (2005). Zur Vielfalt und Aktualität der Lebensphilosophie. Hg. v. R. J. Kozljanič. (Erschienen)
- II. Jahrbuch für Lebensphilosophie (2006). Leib-Denken. Hg. v. R. J. Kozljanič. (Erschienen)
- III. Jahrbuch für Lebensphilosophie (2007). Praxis der Philosophie – Gernot Böhme zum 70. Geburtstag. Hg. v. D. Croome, U. Gahlings u. R. J. Kozljanič. (Erschienen).
- IV. Jahrbuch für Lebensphilosophie (2008/2009). Lebensphilosophische Vordenker des 18. und 19. Jahrhunderts. Hg. v. R. J. Kozljanič. (Erschienen).
- V. Jahrbuch für Lebensphilosophie (2010/2011). Gelebter, erfahrener und erinnerter Raum. Hg. v. J. Hasse u. R. J. Kozljanič. (In Bearbeitung).

- Philipp Lersch: Erlebnishorizonte – Schriften zur Lebensphilosophie. Herausgegeben und eingeleitet von Thomas Rolf. (In Bearbeitung)

Reihe romantische Dichter und Denker

- Carl Gustav Carus: Briefe über Landschaftsmalerei. (In Bearbeitung)
- Georg Friedrich Daumer: Göttermutter oder Muttergottes? Religionsphilosophische und mythologische Schriften. (In Vorbereitung)
- Gotthilf Heinrich von Schubert: Symbolik des Traumes. (Geplant)
- Romantische Gedichte an die göttliche Natur. Ein weiteres Gebetbuch für naturreligiöse Menschen. Zusammengestellt, erläutert u. hg. v. L. Lohenstein. (Geplant)

ALBVNEA VERLAG MVENCHEN

Seldeneckstr. 18
D-81243 München
Tel.: ++49/(0)89/877165
www.albunea.de
info@albunea.de